FIRESIDE SERIE

WER SIND WIR WIRKLICH?

FIRESIDE SERIE

WER SIND WIR WIRKLICH?

In der Tat Verlag

Wer sind wir wirklich?
Überarbeitete Ausgabe

Titelblattillustration von Melissa Peizer

Übersetzt aus dem Amerikanischen von Helga Krachler
Bearbeitung von Angelika Tessa

Übersetzt aus dem Amerikanischen von Helga Krachler
Bearbeitung von Angelika Tessa

Herausgeber der deutschsprachigen Lizenzausgabe ist der In der Tat Verlag.
Diese Übersetzung basiert auf der englischsprachigen Ausgabe, die die von Ramtha übermittelten Original-Lehren enthält; ein möglicher Verlust von Teilen der Aussage bei der Übersetzung ist unvermeidlich.

Diese Veröffentlichung basiert auf den Ramtha Dialogues®, einer Serie von Tonband- und CD-Aufnahmen (eingetragen beim United States Copyright Office) und erfolgt mit freundlicher Genehmigung von JZ Knight und JZK, Inc.
Dieser Text basiert auf der teilweisen Transkription von Ramtha Dialogues®, Band 353, *In the Beginning – Level 1,* 3.-4. Mai 1997. Copyright (P) 1997 JZ Knight.

Für weitere Informationen über Ramthas Lehren wenden Sie sich bitte an: Ramtha's School of Enlightenment, PO Box 1210, Yelm, WA 98597, USA.
http://www.ramtha.com

ISBN: 978-3-89539-044-9
1.AuflageMärz 2010

In der Tat Verlag
Ammergauer Str. 80
86971 Peiting
Tel.: 08861 - 59018 Fax: 08861 - 67091
www.michaelsverlag.de
e-mail: info@michaelsverlag.de

Druck und Bindung:
AALEXX Buchproduktion, Großburgwedel

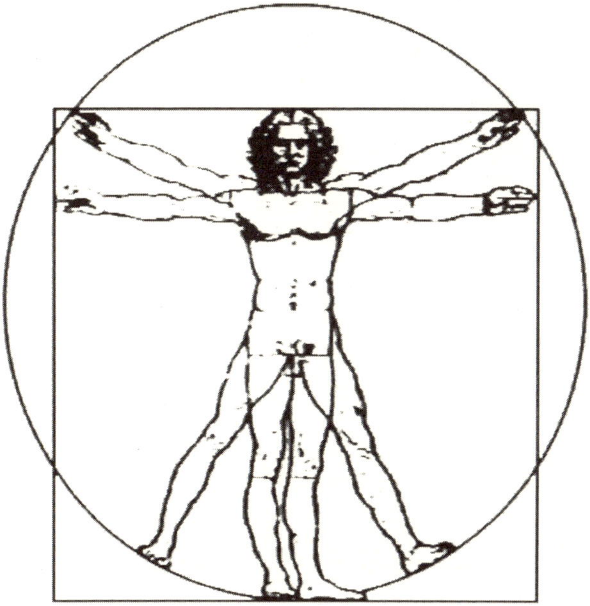

Diese Lehrserie ist für all die Schüler des Großen Werkes bestimmt, die Ramthas Lehren lieben.

Wir empfehlen Ihnen, eine ideale Atmosphäre zum Lernen und Kontemplieren zu schaffen.

Machen Sie es sich am Kaminfeuer gemütlich. Bereiten Sie sich vor. Lernen Sie in aller Aufgeschlossenheit und lassen Sie Ihr Genie hervorkommen.

VORWORT

Die Fireside-Serie enthält in Form einer fortlaufenden Bibliothek eine Sammlung der faszinierendsten und interessantesten Themen, die Ramtha bisher lehrte.

Diese Lehr-Serie ist für all die Schüler des Großen Werkes bestimmt, die Ramthas Lehren lieben. Diese laufende Sammlung soll auch als Unterrichtsmaterial für die Schüler von Ramthas Schule der Erleuchtung und für all diejenigen dienen, die Ramthas Lehren kennen oder sich dafür interessieren. Im Lauf der letzten drei Jahrzehnte hat Ramtha seine Ausführungen über die Beschaffenheit der Realität und ihre praktische Anwendung in Form zahlreicher Disziplinen ständig methodisch vertieft und erweitert.

Der Herausgeber geht davon aus, dass der Leser bereits an einem von Ramthas Schule der Erleuchtung veranstalteten Anfänger-Retreat oder Workshop teilgenommen hat oder zumindest Ramthas einführende Lehren für Anfänger kennt. Die erforderlichen Basisinformationen für Anfänger finden Sie in *Ramtha: Das Erschaffen von Realität. Ein Leitfaden für Anfänger* (Horamus Publishing, Inc. 1997), oder im englischen Original: *Ramtha: A Beginner's Guide to Creating Reality,* Third Edition (Yelm: JZK Publishing, a division ofJZK, Inc., 2004).

Dieser Fireside-Serie ist ein Glossar beigefügt, in welchem einige grundlegende, von Ramtha verwendete Konzepte erklärt werden, damit sich der Leser leichter mit den Lehren vertraut machen kann. Wir haben auch eine kurze Einführung von JZ Knight mit aufgenommen, in der sie Ramtha vorstellt und erzählt, wie alles begann. Wir wünschen Ihnen viel Spaß und Besinnlichkeit beim Lesen.

Inhaltsverzeichnis

Abbildungen

Wisst ihr nicht, dass ihr Gott seid?

Ich grüße euch vom Herr-Gott meines Seins zum Herr-Gott eures Seins.

Diese Begrüßung, die wir sprechen, wenn wir zusammen kommen, sprechen wir im Namen Gottes. Und ja, da ist ein Gott, aber es ist noch wichtiger, dass Gott mit euch interagiert und euren Geist heute erbaut, euren Mind für das öffnet, was ihr lernen werdet, eure Seele dafür öffnet, dass ihr die Boten akzeptiert, die zu euch kommen werden, und dass alles, was euch geschieht, euch erbaut.

Das also ist unser Gebet:

Mein geliebter Gott,
du Mysteriöser,
der mir Leben gegeben hat
und meinen Zweck für mich bereithält,
von heute an
feiere ich mein Leben.
Ich wünsche, das mein Wissen
sich erweitert.
Ich wünsche, dass mein Körper
geheilt werden möge.
Dafür erteile ich meine Erlaubnis.
Von heute an
wünsche ich, dass mein Leben
sich ändere,
dass deinen Zweck für mein Leben
ich erkennen möge.
Gott segne mein Leben.
So sei es.
Auf das Leben.

Ihr habt das Gerücht gehört, dass ich Ramtha der Erleuchtete bin. Das bin ich gewesen solange ich mich kenne. Ich bin die Wesenheit, über die eure Verwandten und Freude gesprochen haben.

Ich bin ein Lehrer, gewiss, und ich bin echt, laut euren Wissenschaftlern.

Ich bin hier, weil viele meines Volkes vor langer, langer Zeit, bevor die Engstirnigkeit der Menschheit einsetzte, die Gelegenheit hatten, nach großen Eroberungen ihr Leben fortzuführen und ihren geschätzten Ruhestand auf einem friedlichen Kontinent zu verleben. Diese Menschen waren mein Volk. Und dennoch gab es dort, wohin ich ging, keine geschriebenen Bücher und mit Sicherheit kein Fernsehen. Man sagte nie, ihr könnt dort nicht hingehen oder ihr könnt das nicht tun. Ich beendete mein Leben hier und ging weiter.

Es gab keinen Lehrer, der mich lehrte, wie man das macht, außer der Natur. Ich wurde ein Beobachter der Natur und schließlich ihr Liebhaber, und ich ging weiter, weil es hier nichts mehr gab, das mich herausforderte. Mein Volk blieb, weil es ein Leben wollte, Kinder und Generationen großziehen, Land und Vermögen schaffen und all das. Ich sagte ihm, bevor ich wegging: „Eines Tages werde ich zurückkommen. Und wenn ihr zu sehen bereit seid, wohin ich gegangen bin, nachdem ihr viele Leben gelebt und viele Körper, die ihr für diese Erfahrung verbraucht habt, besessen habt, werde ich euch zeigen, wohin ich gegangen bin und wie man dorthin gelangt." Nun, das ist wer ich bin.

Ich plante, auf äußerst raffinierte Weise hierher zurückzukommen, da sich im Lauf der Zeit enorme Vorurteile entwickelt hatten, die ihr über Generationen hingenommen und in euch getragen habt, und sie sitzen in eurer Seele. Zwei der Vorurteile sind, erstens, dass Gott nur für Männer zugänglich ist – was für eine Farce – und dass Frauen geringer sind als Männer, weshalb ihnen das Königreich Gottes nicht gegeben wird, es sei denn, es wird ihnen vom männlichen Geschlecht gegeben.

Gott wird in eurem heutigen Leben immer als Er bezeichnet. Sein einziger Sohn war ein Er. Und diese neutralisierten Priester sind „Ers", die als Übersetzer zwischen unreinen Frauen und dem Allerheiligsten stehen. Müll, das alles. Was wir sehen, auch in dem, was ihr den modernen Tag nennt, ist, dass es immer noch einen Widerstand dagegen gibt, Frauen als etwas anderes als Vermögenswerte oder als etwas, mit dem man im Bett liegt, zu betrachten. Ihr könnt das, was ist, nicht wissen, wenn ihr durch Vorurteile blockiert seid.

Ich bin hierher zurückgekommen zu einer Wesenheit, die in meiner Lebenszeit sehr gerne dorthin gegangen wäre, wohin ich ging, und die meine Armee führen wollte. Nun ist das offenkundig geworden. Und die Armee ist viel härter, als jene vor 35.000 Jahren. Wir marschieren hier gegen Engstirnigkeit. Es geht nicht um die Welt. Es geht um diejenigen, die kommen und etwas darüber lernen wollen.

Was ich bin, hatte nicht mehr mit meinem Körper zu tun, als das, was ihr seid, mit eurem Körper zu tun hat. Was ich bin, befindet sich als gewaltiges Bewusstsein in einem weiblichen Körper. Diejenigen, die eine Weile in meiner Nähe waren, haben in ihrem Mind keinen Zweifel darüber, dass ich eine Mann war – keinen – aber hier handelt es sich auch um mein Bewusstsein und meinen eigenen Geist, die durch den weiblichen Körper wirken. Dieses Gehirn ist ein Computer und ich platziere meinen Willen in sein Unterbewusstsein am hinteren Teil seines Kopfes und es betreibt den restlichen Körper.

Wenn ihr mich anseht, können wir überhaupt nicht sagen, dass Gott ein Mann ist oder dass Gott eine Frau ist, sondern wir können gewiss sagen, dass Gott beides und keines davon sein muss. Gut, das ist die Botschaft. Ihr seht, Gott hat keine Zugehörigkeit zu einem Geschlecht, hat nichts mit Geschlecht oder einem Körper zu tun, sondern hat alles mit persönlicher Meinung zu tun. Es ist das, was wir das spirituelle Selbst nennen.

Ich kam zurück, und durch eine ganz gewöhnliche und einfache Frau überbrachte ich eine große Wahrheit, bevor sie in Mode kam. Was ich sagte, war: Wisst ihr nicht, wer ihr seid? Wisst ihr nicht, dass ihr Gott seid? Warum solltet ihr anders denken? Und wer sagt, dass ihr es nicht seid? Ich sage euch, dass ihr es seid. Was müsst ihr also tun, um das zu erkennen? Ihr müsst ein Individuum werden. In der Tat tut ihr das, indem ihr wisst, wer ihr seid und was ihr seid. Haben alle die gleiche Krankheit? Haben alle den gleichen Mangel? Haben alle die gleichen Bedürfnisse? Nein.

Der Zuhörer, der in erstaunter Stille sitzt und versucht, dieses Wissen mit dem in Einklang zu bringen, was ihn gelehrt wurde, als er in die Sonntagsschule ging, sitzt da und ein Teil von ihm weiß, dass es die Wahrheit ist. Er weiß es. Dennoch gibt es diesen anderen Teil in ihm, der versucht, dieses Wissen vernünftig zu erklären. Vernünftig zu erklären bedeutet, es zu beurteilen, ein Urteil zu dieser Information zu finden. Wenn ihr über diese beiden Aspekte eures Selbst lernt, welcher Teil von euch möchte rasch das leugnen, was im höchsten und erhabensten Reich klar ein Kompliment ist?

Warum wollt ihr abstreiten, dass ihr ein unvergänglicher Geist sein könntet, dass ihr mehr als euer Körper sein könntet, dass ihr mehr als das, wofür ihr euer ganzes Leben lang gearbeitet habt, sein könntet? Warum würdet ihr das abstreiten wollen? Warum würdet ihr es nicht einmal in Betracht ziehen wollen? Abzustreiten, dass Gott in jedem von euch lebt, bedeutet eure Fähigkeit zu unbegrenztem Wissen, unbegrenzter Liebe, unbegrenzter Macht, eure Fähigkeit, das zu manifestieren, was man in alten Zeiten das Königreich des Himmels genannt hat, zu leugnen. Zu Beginn sagte ich den Leuten, die gekommen waren um mich zu sehen, diese Wahrheit, die ungeheuerlich war.

„Nun, ich kann unmöglich morgen Früh aufwachen und sagen, dass ich Gott bin.“
„Warum nicht? Warum kannst du das nicht tun?“
„Na ja, jemand könnte mich hören.“
„Na und?“
„Sie würden denken, dass ich völlig außer mir geraten bin.“
„Das bist du. Darum geht es.“

Diese Botschaft überbrachte ich, weil es das ist, was ich in meinem Leben gelernt habe. Leben handelt nicht vom Sterben. Ich möchte, dass ihr das wisst. Und Leben handelt nicht davon, irgendwo als ein Asket zu leben, zu versuchen, nur als Gott zu sehen, denn ihr bleibt abgetrennt, wenn ihr das zu tun versucht. Leben und Gott sind austauschbar. Sie sind, wie man sagt, das Gleiche. Diese Menschen fingen also an zu sagen: „Gut, also bin ich Gott", und sie waren überwältigt. Dann lehrte ich sie, wundervolle Dinge zu tun und sie waren fähig, wundervolle Dinge zu tun. Und ich sagte zu ihnen, wer hat das nun getan? Ich war es nicht. Wer hat das in euch getan? Es war der Gott in euch, der das getan hat. Es ist einfach.

Nun, so wurde ich hier berühmt und berüchtigt, weil ich euch die Wahrheit sagte. Und was bedeutet es, das zu wissen? Es bedeutet, dass es einen Teil von euch selbst gibt, den ihr nie erschlossen habt und das hat nichts mit all dem metaphysischen Hokus-Pokus-Müll zu tun. Das ist kein New Age. Das ist altes Zeitalter.

Euer Gehirn ist der Beweis, dass ihr nicht alles wisst. Wisst ihr, dass ihr weniger als ein Zehntel dieses Gehirns nutzt? Worauf wartet der Rest davon, diese leeren Räume? Sie warten auf etwas. Nicht einmal Einstein nutzte die Kapazität seines Gehirns. Worauf könnte es warten? Es wartet auf den Teil von euch, der eure besseren Tage noch nicht gesehen hat, den Teil von euch, der all das weiß, wovon euer verändertes Ich behauptet, es nicht zu wissen. Es wacht auf, erkennt es und ist ungeheuerlich genug, um sagen zu lernen: „Ich weiß, dass es in mir etwas Größeres gibt. Ich habe seine Bewegung gespürt, aber ich weiß nicht, wie ich darauf zugreifen soll. Ich weiß nicht, wie ich meine Zweifel beiseite legen kann. In der Tat weiß ich nicht, wie ich meinen rationalen Mind beiseite schieben kann." Daher frage ich zu euch: Was hat euer rationaler Mind euch verschafft? Er hat euch den Ruhestand verschafft. Er hat euch eine gute Stelle verschafft. Aber er hat eure Beziehungen nicht zusammengehalten und er hat euch nicht vom Sterben abgehalten. Der rationale Mind hat auch nicht euren Körper geheilt, als er krank war. Es gibt einige Dinge, die darüber hinausgehen.

Es ist eine Sache, zu sagen, dass ihr Gott seid – es hört sich wirklich wundervoll an – aber ihr werdet hinausgehen und es vergessen, weil es am Marktplatz nicht funktioniert. Das ist nur eine Philosophie. Aber was wäre, wenn ich euch lehrte, wie ihr ein Gott sein könnt? Was wäre, wenn ich wüsste, wie man euer Gehirn öffnet, ihm Gedanken einverleibt und Realität manifestiert? Dann könnten wir fragen: War dies das rationale Selbst, das dies getan hat? Niemals. Es ist das irrationale Selbst, weil Gott unbegrenzt ist, was bedeutet, dass ihr es auch seid.

Gerade in dieser Zeit lernen Schüler alles in der Schule, aber scheitern an der Erkenntnis, dass alles, was sie lernen, Theorie ist. Sie gehen in die Welt hinaus, und dann versuchen sie, es in die Praxis umzusetzen. Stellt euch einen Computerwissenschaftler vor, der Burgers wendet. Es ist schwierig, das in ein Labor einzubringen. Daher ist alles, was ich euch heute sage, nicht die Wahrheit. Es ist Philosophie. Es ist meine Wahrheit, weil ich zu ihr geworden bin, sie verdient habe und sie gewesen bin.

Wann wird sie zu eurer Wahrheit werden? Wann werdet ihr wissen, dass das, was ich euch gesagt habe, funktioniert? Wenn ihr fähig seid, etwas zu tun, dass ihr zuvor nicht tun konntet. Dann werdet ihr die Wahrheit kennen. Und wenn das der einzige Teil der Wahrheit ist, den ihr hiervon aufgenommen habt, wird er all das wert sein, weil er ein kleiner Same ist, der sagt: „Ich habe die Fähigkeit, Bemerkenswertes zu tun, und Gott, das sind nicht talentierte Menschen über mir." So etwas, wie eine talentierte Person gibt es nicht. Es gibt nur diejenigen, die sich dafür entscheiden zu wissen und jene, die sich nicht dafür entscheiden.

Ich war fähig, diese Wahrheit, dass ihr Gott seid, all diese Jahre aufrecht zu halten ohne sie zu verdrängen. Für mich war es nichts in der Zeit. Wisst ihr, wie viele Menschen gekommen sind, die zugehört und gelernt haben, ausgebildet wurden und es jetzt in der Welt ausleben? Viele, Gott sei Dank. Es ist nicht so, dass sie Anhänger von mir sind. Wohin werden sie gehen, wenn ich hier weggehe? Wie könnt ihr Ramtha folgen? Ihr könnt mir nicht folgen. Es ist unmöglich. Anhänger lernen niemals etwas. Studenten lernen immer. Ein Student ist gewillt, zu lernen und geprüft zu werden. Anhänger werden niemals geprüft. Sie lernen niemals. Und natürlich weiß der Guru sowieso nichts, daher wird er sie auch nichts lehren.

Es gibt viele Wesenheiten, für die das Wahrheit ist. Ihr könnt sie nicht ansehen und sagen: „Das ist unmöglich. Woher weißt du, dass Gott in dir ist?" Ihr könnt sie nicht ansehen und abwerten, weil sie ungeheuerlich sind, weil sie etwas in sich selbst berührt haben, das immer schon da gewesen ist. Und wie nennen sie das? Sie nennen es nicht beim Namen. Sie nennen es das Mutter-Vater-Prinzip. „Es ist mein Heiliger Geist. Es ist der Gott in mir. Es ist das, was ich eigentlich bin. Ich bin großartiger als meine Begrenzungen." Nun kennen sie die Wahrheit. Ihr kennt sie noch nicht.

Ich bin immer noch hier um zu lehren, weil die Welt, egal was sie sagt, sterben wird und ungeachtet dessen, wie die Menschen da draußen denken, die nicht für die Veränderung vorbereitet sind. Ich bin nicht hier um die Welt zu ändern, sondern um in das Leben einzelner, die zu wissen wünschen, eine Handvoll Meister zu bringen. Das ist alles. Diese Meister sind gewöhnliche Menschen, die eines Morgens aufgewacht sind und gesagt haben: „Im Leben gibt es mehr und das vermisse ich." Das sind die Menschen, die weder ihren Job aufgegeben, noch die Katze getreten oder ihre Ehefrau verlassen haben. Das sind Individuen, die sagen: „Es ist nicht die Aufgabe meiner Frau oder meiner Katze oder des Ortes, an dem ich lebe, mich glücklich zu machen. Es ist meine Aufgabe, das zu tun. Da muss es mehr geben." Das sind die Wesenheiten, die kommen um zu lernen.

Sie lernen alles über sich selbst, über die Funktionen ihres Gehirns und ihres Körpers, was ihre Träume sind, über Physik und wie Realität aus ihrem Mind erschaffen wird. Sie lernen all das, und sie gehen zurück und setzen es in ihrem Leben um. Um das zu erreichen, bin ich hier. Wenn ich eine Gruppe von Menschen vor mir habe, die ihre Realität aus dem Nichts heraus in wenigen Augenblicken in ihrer Hand erschaffen können, die Kranke mit einer Berührung heilen können, die in der Tat das Bemerkenswerte tun können, dann wird es all das wert gewesen sein, weil sie dann zum Licht für die gesamte Welt werden.

Sie sind gewöhnliche Menschen. Ihr seid gewöhnliche Menschen. Und wir sind beinahe dort angelangt. Wir haben bereits Wesen, die diese Dinge vollbringen können. Denkt ihr nicht, dass sie skeptisch wären? Sie waren alle skeptisch. Es ist einfach, so zu sein. Es ist schwierig, es zu akzeptieren. Es ist einfach, zu sterben. Diese Menschen, die sich selbst töten und denken, dass sie in ein neues Leben weitergehen – Blödsinn. Es ist einfach, zu sterben. Es ist schwierig, zu leben, und dennoch ist dies das Geschenk Gottes.

17

Bewusstsein und Energie erschaffen die Natur der Realität

Bewusstsein und Energie erschaffen die Natur der Realität. Wie viele von euch wissen, was das bedeutet? Was ihr denkt, das seid ihr und wie ihr denkt, so ist euer Leben. Wie hört sich das an? Das ist ziemlich korrekt, aber es hört sich ein wenig nach New Age an, nicht wahr?

Bewusstsein ist ein recht neuer Begriff. In meinen Tagen gab es ihn nicht. Es ist ein geheimnisvoller Begriff, denn er kann beinahe alles sein, was ein Autor seinem Wunsch gemäß in ihn hineinlegt. Es ist ein Wort, das Rätsel aufgibt, weil es darum ringt, Selbstgewahrsein zu erklären, darum ringt, Geist zu erklären, darum ringt, Mind zu erklären und darum ringt, Selbst zu erklären. Zuzusehen, wie alle mit diesem Wort ringen, ist wirklich schön. Das Wort ist ein Geschenk. Jeder, der es verwenden will, kann das tun, ohne dass ein anderer sagt, dass es inkorrekt wäre, weil seine Definition niemals wirklich verstanden wurde.

Am Anfang war alles, was ihr wart, Bewusstsein und Energie; das ist alles, was es gibt. Was bedeutet es in diesem Zusammenhang? Es bedeutet, dass ihr Bewusstsein seid, was Gewahrsein bedeutet, was wiederum Geist bedeutet. Es bedeutet, dass ihr als Reisender mit einer Seele – Bewusstsein und Energie mit deren Aufzeichner, der Seele – zahlreiche Leben in vielen Inkarnationen und in vielen Körpern gelebt habt. Die Seele ist das, was man den Aufzeichner all eurer Lebenszeiten nennt. Wenn ihr Bewusstsein seid, was bedeutet, dass ihr gewahr seid, und Energie, was bedeutet, dass ihr mobil seid, wenn ihr all das von Anbeginn wart, warum solltet ihr dann hier herunten im trüben Sumpf der Ebene der Demonstration verweilen? Was ist der Zweck dieses Lebens? Mind zu erlangen.

Mind ist nun ein weiteres dieser Worte, nicht wahr? Er wird oft mit dem Gehirn verwechselt. „Mein Mind hat Kopfschmerzen." Nun, euer Mind ist nicht euer Gehirn. Er wird oft mit Bewusstsein verwechselt, aber das ist er nicht. Bewusstsein und Energie sind seine Eltern. Aber Mind ist die Gesamtheit des Bekanntmachens des Unbekannten.

Am Anfang seid ihr also Bewusstsein und Energie, ein strahlendes Wesen im Void, einem riesigen Nichts, aber ihr seid euch nichts gewahr. Wenn nichts alles war, dessen ihr euch je gewahr wart, wäre es etwas Alltägliches. Aber das Alltägliche sagte zu euch: „Geh und mach das Unbekannte bekannt. Finde heraus, wer ich bin, was ich bin.“ Und ihr sagtet: „Schön, das werde ich tun. Wo fange ich an?“

„Nun, fang mit dem Anfang an.“

Denkt darüber nach, was das bedeutet. Nun, das ist der Punkt, an dem der Mind erschaffen wird. Wenn Bewusstsein und Energie über das Wort „Anfang“ kontemplieren, gibt es keinen Bezug zu dem, was das Wort bedeutet. Aber was ihr vollbracht habt, war der Akt der Kontemplation. Kontemplation in Bewusstsein und Energie ist ein Hineinbewegen, wenn ihr euch also hinein bewegt und über das Wort Anfang kontempliert – von dessen Bedeutung ihr keine Vorstellung habt – muss der Akt der Kontemplation die definitive Definition von Anfang sein, und das ist er. Bewusstsein und Energie haben nun einen Mind und der Mind besteht aus „Anfang.“ Wie kann das Void, ein riesiges Nichts, auch einen Mind haben? Es ist unsere Reise, das Unbekannte bekannt zu machen. Jeder Akt, etwas aus nichts zu erschaffen, erzeugt einen Mind, eine Erinnerung.

Wie lange habt ihr das schon gemacht? Ungefährt zehneinhalb Millionen Jahre. Ihr seid seit zehneinhalb Millionen Jahren auf dieser Ebene lebendig, auf dieser Erde, inkarniert immer wieder, in jeder Inkarnation mit einem neuen Körper. Warum sollte der Geist überhaupt einen Körper benötigen? Weil diese Ebene schwerer ist als Bewusstsein und Energie. Sie ist das Produkt davon. Diese Ebene ist ein Mind. Warum würdet ihr hier herunter kommen wollen? Um das Unbekannte bekannt zu machen, weil ihr niemals zuvor hier gewesen seid. Vor zehneinhalb Millionen Jahren seid ihr in diese Ebene gefallen. Sie wird Materialität genannt, und ihr seid deren

Schöpfer. Der Zweck, in der Materialität verloren zu sein, ist daher, sie bekannt zu machen. Und wenn das einzige Wesen, das ihr bekannt machen müsst, ihr selbst seid, ist das alles, und das reicht aus.

Mind ist daher der Preis einer Lebenszeit. Wie kommen wir dann von Bewusstsein und Energie zum Verarbeiten von Mind? Woraus besteht Mind? Mind besteht aus Gedanken. Mind ist aus Gedanken zusammengesetzt. Das ist nun ein weiteres verwirrendes Wort, nicht wahr? Wisst ihr wirklich, was ein Gedanke ist? Ihr denkt manchmal darüber nach, aber ihr verschwendet niemals einen weiteren Gedanken. Ihr versteht nie den Mechanismus, wenn jemand sagt: „Ich habe über dich nachgedacht." Was ist Denken und was sind Gedanken? Ihr denkt die ganze Zeit über. Ihr sprecht, als ob ihr darin Experten wärt, aber das seid ihr nicht.

Der Unterschied zwischen Bewusstsein, Energie, Mind, Gedanke und Gehirn

Was ist der Unterschied zwischen Bewusstsein, Energie, Mind, Gedanke und – irgendwo sind wir dabei, dieses Geschöpf einzuwerfen – dem Gehirn? Vielleicht dachtet ihr, dass Gedanken haben denken bedeutet und dass Denken Selbsterkenntnis ist. „Das ist es, was Bewusstsein ist. Bewusstsein ist Denken und ich denke ebenfalls, dass Bewusstsein auch Mind ist." Nun, das ist nicht die Art und Weise, wie es funktioniert. Ein Gedanke ist ein gefrorener Moment, eine Erinnerung des Bewusstseins. Wenn wir Bewusstsein und Energie als einen Strom sehen, dann hat das Gehirn die Fähigkeit, Abschnitte dieses Stroms zu fotografieren und einzufrieren. Dieser Moment des Fotografierens wird Gedanke genannt.

Bewusstsein und Energie sind, was ihr seid. Mind ist die Mission. Gedanken bilden den Mind. Was ist dann der verbindende Mechanismus? Ist Mind örtlich genau definiert? Mind ist örtlich nicht genau definiert. Bewusstsein und Energie, untrennbar verbunden, sind alles. Ihr Potenzial ist alles, und „alles", als Potenzial, definiert den Mind. Aber seine Reise besteht darin, aus dem, was er ist heraus zu erschaffen. Der Akt der Schöpfung erzeugt einen Mind, und dieser ist es, den wir dem so genannten Mind Gottes schenken.

Ihr denkt wohl, dass ihr nach zehneinhalb Millionen Jahren viel wissen würdet. Nun, das stimmt. Das hier nennt man die erste Ebene und dies ist die für diese Ebene erforderliche Körpermasse. Jede Ebene hat ihren Körper. Jede Ebene hat ihr Gehirn. Mit anderen Worten – denkt darüber nach. Es gibt sieben Himmel, was bedeutet, dass es sieben Ebenen gibt, auf denen ihr erscheinen könnt, und sie werden alle von der Zeit bestimmt. Innerhalb dieses Raumes haben wir also sechs weitere Ebenen in Aktion. Ihr könnt nicht auf jede einzelne dieser Ebenen gehen, solange ihr nicht den entsprechenden Körper habt, um euch dort aufzuhalten. Ohne den jetzigen Körper wärt ihr nicht in der Lage, an dieser Ebene teilzuhaben. Nur damit ihr es versteht, ihr alle habt Körper in den anderen Ebenen, doch das ist der Körper, den ihr derzeit habt.

Wir haben diesen Ort erschaffen und wir haben Zeit erschaffen. Die Geschwindigkeit, mit der hier alles schwingt, ist sehr langsam. Damit wir weiter Mind formen können, müssen wir einen Körper bewohnen, der für das, was wir sind, fremd ist. Ich möchte, dass ihr das versteht. Der Geist, der ihr seid, ist nicht dieser Körper, obwohl der Geist diesen Körper geschaffen hat. Der Körper ist das Kleidungsstück, das wir in dieser Lebenszeit tragen und er ist schön, weil er die wundervollste Maschine ist, die je erschaffen wurde und die nie nachgebaut werden wird. Warum haben wir ihn erschaffen? Weil wir, damit Bewusstsein und Energie greifbare Interaktionen mit diesem Planeten und dieser Zeit haben können, ein Vehikel besitzen müssen, das in der gleichen Geschwindigkeit wie dieser Stuhl schwingt, und über das verfügt ihr nun.

Warum müssen wir dann all diese Schwierigkeiten haben? Um dieses Gehirn zu bekommen, euren großartigsten Besitz in diesem Körper. Seht es einfach auf diese Weise. Ihr alle, die ihr euch über eure Gesichter sorgt – wie schön sie sind, wie hässlich sie sind – seid dankbar, dass dieses Gehirn so groß ist, denn woran würdet ihr euer Gesicht sonst aufhängen? Wenn dieses Gehirn in Wirklichkeit nur so groß wäre, wie der Teil, den ihr aktiviert, dann würden eure Augenbrauen und Augen teilweise auf eure Brust fallen, weil dieser Teil nicht sehr groß ist. Unser Gehirn ist unser großartigster Besitz.

Der vollständige Mind Gottes – das heißt, all eure Lebenszeiten, plus all die Lebenszeiten aller Bakterien, die je erschaffen wurden, aller Wesenheiten, die je erschaffen wurden, allem, was einen Mind erzeugt – nennt man den Mind Gottes. Ist es nicht interessant, dass ihr gelehrt wurdet, dass der Mind Gottes aus dem Mind der Engel zusammengesetzt wäre? Engel sind dumm. Das wäre kein sehr weiser Gott. Der Mind Gottes handelt auch nicht nur von menschlichen Wesen. Es geht um jeden Vogel, der je gelebt hat. Es geht um jedes Virus, das je gelebt hat. Jeder Baum erzeugt Mind. Nun, das nennen wir den Mind Gottes. Habt ihr ihn also? Ihr alle habt ihn. Er sitzt genau hier im Kleinhirn, dem Reptiliengehirn. Der Name dieses Teils des Gehirns lautet Kleinhirn. Es ist der Sitz des Unterbewusstseins und des Mind Gottes.

Wie der Mind von früher Kindheit an entwickelt wird

Wir alle, ihr und ich, sind hier inkarniert und wir haben dabei geholfen, diesen Körper zu erschaffen und wir schufen den Körper so, dass er sich selbst erhält. Wir taten dies im Mind Gottes. Dieser Körper ist Teil des Mind Gottes. Aber der Grund, warum das so wichtig für uns wird, ist, dass dieses menschliche Gehirn ein Biocomputer ist. Das ist eine fesselnde Aussage, aber das ist es. Es ist ein Computer, weil ein Strom von Bewusstsein, der ihr seid, den Körper umgibt und sich immerzu durch dieses Gehirn bewegt. Energie verläuft wellenförmig. Deshalb wird sie die Schlange genannt. Euer Bewusstsein und eure Energie halten diesen gegenwärtigen Körper zusammen. Daher ist euer gegenwärtiger Körper ständig von einem Strom von Bewusstsein beeinflusst und umgeben, genau so wie vorher der Mind.

Wir müssen etwas haben, durch das Energie hindurchfließen kann, das speziell dafür erschaffen wurde, um höhere Ebenen subtiler Energie zu feuern und zu empfangen, und das über die Fähigkeit und Feinsinnigkeit verfügt, diese aufzunehmen und diese Energien durch elektrisches Feuern an einer sehr winzigen Stelle im Gehirn zu übertragen. Der Strom von Bewusstsein fließt immer vom Kleinhirn hinauf durch den Neokortex. Der Neokortex ist das neue Gehirn. Er ist das unwissende Gehirn. Ihr seid Anfänger. In dieser Schule nennen wir diesen Teil das Gelbe Gehirn. Es ist das neue Gehirn, das mit diesem physischen Körper in dieser Lebenszeit geboren wird.

Nun, dieses Gehirn hier hinten, das Kleinhirn, ist ein erstaunliches Wesen, denn es wird durch alle genetischen Linien weitergegeben und verändert sich nicht. Eure Ärzte nennen es das alte Reptiliengehirn. Lasst mich euch sagen, wie wunderschön dieses Gehirn ist. Wenn wir ein kleines Rasiermesser nähmen und nur ein ganz winziges Stückchen von diesem Gehirn abschabten – so klein, dass es unter euren Fingernagel passt – und es unter eines eurer Mikroskope legten, würdet ihr etwas unglaublich Erstaunliches lernen. Ihr würdet sehen, dass dieses kleine Stückchen mehr miteinander verbundene Nervenzellen enthält als das gesamte Gelbe Gehirn zusammengenommen. Es ist sehr körnig und sehr kompakt. Jedes Mal, wenn ihr kopuliert und Kinder als Frucht des Schoßes hervorbringt, wird es so programmiert, dass jeder Körper dieses Gehirn hat. Es wird von jeder Generation ererbt, damit der Mind Gottes, und ihr, die ihr mit all eurem Wissen in diesen Körper kommt, mitgetragen werdet. Deshalb eröffnet ihr euch, wenn ihr lernt, das Unterbewusstsein zu erschließen, den Mind Gottes. Dieser weiß genau, warum ihr hier seid. Er kennt eure Agenda hier und warum ihr in diesem Körper zurückgekommen seid.

Der Neokortex weiß nichts, außer dem, was die Umgebung ihn gelehrt hat. Er ist unser Computer und mit diesem Computer frieren wir uns selbst in der Zeit ein. Wie funktioniert das? Der Stirnlappen, eure Stirn, wird oft als das dritte Auge bezeichnet und es wird gelegentlich mit der Zirbeldrüse als Sitz der Seele verwechselt. Deshalb ist der Stirnlappen so wichtig, denn welcher Gedanke auch immer dort sitzt, er wird Realität.

Ab dem Zeitpunkt, an dem ihr aus dem Schoß herausgekommen wart, hattet ihr etwa ein Jahr Zeit, um zu entscheiden, ob ihr diesen Körper behalten wolltet oder nicht. Nach einem Jahr nehmen wir an, dass es Ja bedeutet. Die meisten Kinder fangen an, mit etwa vier Monaten sehr klug zu werden, vor allem nach dem ersten Jahr, weil das bedeutet, dass der Geist sich entschieden hat, den Körper zu behalten.

Das Lernen nimmt nach einem Jahr sehr schnell zu. Der Geist, der ihr seid, ruht einfach und alles, was das Kind tut, ist, durch seinen sinnlichen Körper gelehrt zu werden, das heißt durch Augen, Nase, Mund, Hören, Berührung. Alles wird buchstäblich durch das Gesicht definiert, weil es die Aufgabe des Kindes ist, im Gehirn Erinnerungen an die Umgebung zu bilden. Kinder lernen sehr, sehr schnell. Wenn ein Kind das Glück hat, großartige Eltern zu haben, die den Geist des Kindes nicht begrenzen und dem Kind erlauben, die Umwelt wahrzunehmen, dann haben wir das in Händen, was wir ein Genie nennen. Wenn die Eltern jedoch die Umgebung bestimmen, dann haben wir nur ein Duplikat der Mutter oder des Vaters oder des Babysitters in Händen.

Alles, was das Kind sieht, riecht, schmeckt und fühlt wird im Gehirn durch das, was man ein Neuronetz nennt, aufgezeichnet. Die Sinne im Körper haben eine Neuronetzbasis im Gehirn. Das Gehirn besteht aus Nervenzellen, Milliarden davon. Sie sind die Eingeweide des Computers. Der Geist gestattet dem Kind, dieses Neuronetz zu entwickeln, und die Neuronen bewegen sich im Gehirn sehr viel, damit es möglich ist, seine Meinung ändern.

Der Geist nimmt den Körper nicht in Besitz, bevor das in die Wege geleitet ist. Das ist es, was ich meine. Kinder erschaffen selten Realität bis ihr spirituelles Selbst aktiviert wurde, da Jugend davon handelt, Neuronen in der Form von Erinnerungen im Gehirn zusammenzufügen. Kinder interagieren. Sie erschaffen nicht; sie interagieren. Sie gehen zur Schule. Jemand sagt ihnen, was sie tun sollen. Sie prägen sich das ein. An jedem Tag nehmen sie am Leben teil. Sie erschaffen es nicht. Nun, warum findet das Spirituelle bis zu dem bestimmten Zeitpunkt nicht statt, an dem ihr, als Geist, euch entscheidet, das Gehirn zu aktivieren? Weil wir hier sind um Realität zu erschaffen, und die Schöpfung der Realität entwickelt Mind.

Denkt einen Augenblick lang darüber nach. Man braucht über zehntausend Neuronen, um die Farbe Gelb im Gehirn zu aktivieren und zu feuern. Denkt einen Moment lang an gelb, etwas Gelbes. Gerade jetzt habt ihr etwa zehntausendfünfunddreißig Neuronen, die in eurem Gehirn feuern, um euch die Farbe Gelb zu zeigen. Wie seht ihr sie? Seht ihr gelb mit euren Augen? Seht ihr es mit eurem visuellen Kortex? Wie seht ihr gelb? Wie habt ihr das als Kind gelernt? Ihr habt die Farbe einer Blume gesehen und jemand hat euch immer wieder gesagt, dass diese Blumen Blumen sind, aber bestimmte Farben zu bestimmten Blumen gehören und ihr wart in der Lage, das zu entschlüsseln. Eure ersten Erinnerungen sind die an Farben, und deshalb habt ihr Augen, um fähig zu sein, die Schattierungen für das Gehirn zu filtern, damit eine Verbindung entsteht.

Wenn wir gelb haben, arbeiten wir an rot, und dann von rot zu grün. Viele von euch dachten als Kinder, dass Gras die Farbe Gelb hätte, bis euch jemand sagte: „Nein, das ist grün." Und als man euch das immer wieder sagte, habt ihr zu unterscheiden begonnen, dass Gras nicht grün ist, außer es gibt eine Dürre. So findet Lernen statt. In all eurem jungen Leben wart ihr Entdecker. Das sollte die Jugend tun – entdecken und sehr viel lernen bis zu der Zeit, in der sich ein Morgen der Reife ereignet.

Das ergibt Sinn, nicht wahr, weil es auch anfängt, Probleme mit der Reinkarnation zu erklären. Es wurde immer diskutiert, dass ihr schon zuvor gelebt habt. Wie kommt es, dass ihr euch nicht erinnern könnt? Außerdem, wenn ihr zuvor gelebt habt und eine gesunde Frau wart, warum habt ihr so lange gebraucht, in diesem Leben zu gehen? Und wie kommt es, dass ihr die Dinge nicht kanntet? Wie kommt es, dass ihr die Dinge immer noch nicht kennt? Weil das Gehirn in dieses Leben gehört. Das letzte Leben hatte sein eigenes Gehirn. Das ist ein neues Leben und das bedeutet, dass ihr von vorne anfangt.

Der Geist weiß alles. Er kennt das alles. Er bringt das Gehirn in einen Zustand der technischen und zeitlichen Reife. Was Kinder heute wissen, wussten Kinder vor fünfzig Jahren nicht. Wenn ihr vor fünfzig Jahren gelebt habt und gestorben seid, wolltet ihr heute wiedergeboren werden, weil die Fortschritte im Mind in fünfzig Jahren außerordentlich waren, und darauf seid ihr hier aus.

Jetzt wisst ihr also, wie man liest und schreibt. Ihr könnt rechnen. Ihr kennt Farben. Euer Mind wurde für die Künste entwickelt. Ihr wisst, wie man Töne erzeugt. Ihr wisst, wie man kommuniziert. Und dann habt ihr all das mit euren kleinen Vorurteilen gespickt, wovon einige die eurer Eltern waren. Jetzt, da ihr nun viel wisst, wacht euer Geist auf.

Abb. 1: Feuernde Neuronen und die synaptische Spalte

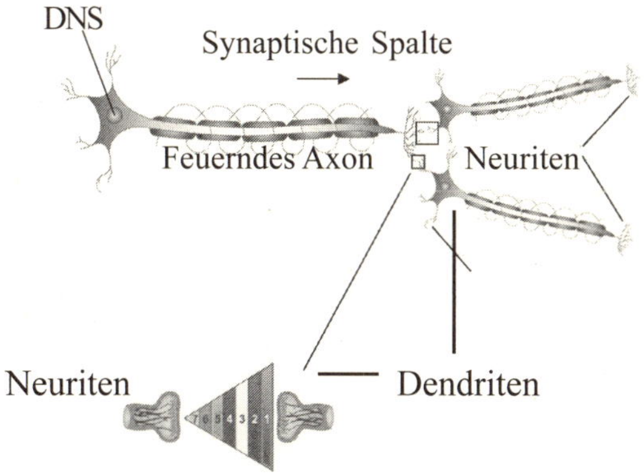

Feuern auf unterschiedlichen Ebenen des
Quantenpotenzials, das Gedanken erzeugt.

Im Gehirn habt ihr Milliarden dieser Neuronen. Sie sind riesig, komplex und genial. Die synaptische Spalte ist die Stelle, wo die Informationen hereinkommen. Der Geist weiß, wenn das Gehirn bereit ist, dass der, der ihr zu sein dachtet, jetzt für Erleuchtung bereit ist. Er schaltet sich ein und lässt das Gehirn rückfeuern, was bedeutet, dass jetzt der Energiefluss um euren Körper beginnen kann, durch das Gehirn zu strömen. Das Gehirn wird beginnen, diesen Strom zu feuern und zu isolieren. Stellt euch vor, dass der Bewusstseinsstrom lang ist und das Gehirn ihn in sehr kleine Stücke schneidet und ihn ordnet, ihn an dem befestigt, was bereits bekannt ist oder ihn im Gehirn bewegt. Das Gehirn erstellt nun eine Karte vom Bewusstsein des Geistes.

Der Geist strömt hindurch und das Gehirn beginnt zu feuern. Das ist, was einige Visionen, Erleuchtung oder Inspiration genannt haben. All dies kommt aus dem spirituellen Körper. Es kommt nicht aus dem Gelben Gehirn. Der Geist bewegt sich durch einen Bewusstseinsstrom und das Gehirn friert ihn ein und erstellt eine Karte davon.

Was ist der Grund, warum wir hier sind? Ihr seid in diesem Körper inkarniert und habt eine Agenda aus der Ebene der Glückseligkeit. Ihr habt hier etwas zu tun: die unerledigten Angelegenheiten und ihr habt damit fortzufahren, zu erschaffen, das Unbekannte bekannt zu machen. Ihr könnt das Unbekannte erst weiter bekannt machen, wenn ihr eure Aufgabe aus dem letzten Leben erledigt habt. Welcher Strom wird euch also als erster präsentiert? Die unvollendeten Angelegenheiten aus dem letzten Leben. Das ist der erste Arbeitsgang für das Gehirn. Der Grund für den ersten Arbeitsgang für das Gehirn ist, dass der Körper auf den Ort ausgerichtet oder eingestimmt werden muss, an dem der Körper, der den Geist beinhaltet, die Angelegenheiten des Königreichs seiner Mutter und seines Vaters abschließen und interagieren kann. Das ist der erste Arbeitsgang. Wann all das erledigt ist, dann können wir das Unbekannte bekannt machen, das, was wir nie getan haben.

Nun wissen wir, dass dieser erste Arbeitsgang die unvollendeten Angelegenheiten aus dem letzten Leben sind und dass dieses euer Gehirn anfängt, jeden Teil davon zu fotografieren, weil das Gehirn als Computer Hologramme erstellt. Der Gedanke hat mehr Dimension als der Mensch, der neben euch sitzt. Jeder Gedanke, den das Gehirn eines Kindes erzeugt, ist holografisch und sehr bildlich.

Das Gehirn erzeugt nun eine Serie von Hologrammen, die wir Denken nennen, erschaffen, um vom gesamten Gehirn an das, was man den Stirnlappen nennt, übermittelt zu werden. Denken ist nichts anderes als das aufeinander folgende Feuern von Hologrammen. Ist es nicht interessant, dass das Gehirn nicht in Sprache denkt? Die einzige Sprache, die der Computer kennt, ist Symbolik und diese wurde vom Gehirn selbst kunstvoll erschaffen. Im Gehirn gibt es ein ganzes Sprachzentrum, das die Bilder entschlüsselt und in Worte kleidet, die der Körper artikulieren muss.

Abb. 2: Holografische Evolution der Geschriebenen Sprache

Prähistorisches Piktorgramm eines Ochsen | Proto-sinaitische Hieroglyphen | Ikonische Reduktion und semantische Evolution

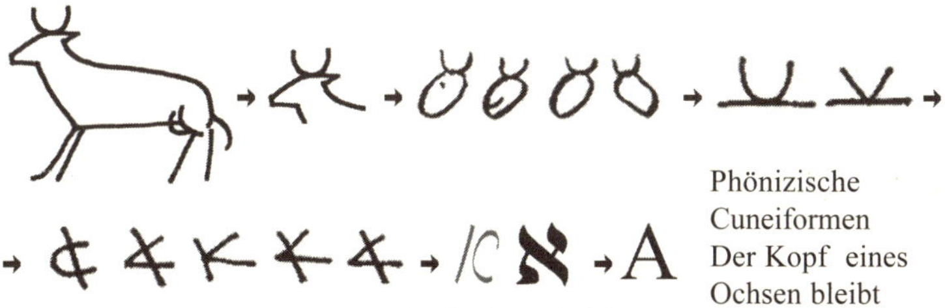

Phönizische Cuneiformen Der Kopf eines Ochsen bleibt umgedreht bis heute.

Hebräische Schrift

Das Gehirn ist ein Computer. Jemand muss der Programmierer sein. Das bedeutet, dass jemand zu Hause sein muss. Gedanke ist holografisch und wird von einem Neuronetz erzeugt, das Formen repräsentiert. Beispielsweise kann das gleiche Neuronetz, dass gelb erzeugt, sich selbst mit dem Neuronetz „rund“ und dem Neuronetz „Strahlen“ verbinden, und wenn diese drei feuern, haben wir die Sonne. Wir können das Neuronetz gelb nehmen, zehntausend und ein paar Neuronen, sie mit einem Halbmond kombinieren und ein wenig Schattierung hinzufügen. Bis jetzt haben wir nun drei Gruppen des Gehirns, die feuern, weil in dem Augenblick, in dem wir Form hinzufügen, sich etwas anderes zeigt. Es zeigt sich ein Neuronetz basierend auf chemischem Geschmack. Der stellt sich ein und ziemlich bald hat sich das Gelb auf eine Banane übertragen. Köstlich. Gelb wärmt und ist auch essbar. Für das Gehirn funktioniert das so. Wir können das nehmen und in jeden Teil des Lebens bringen, dass alles, was ihr gelernt habt, verändert und vermischt werden kann und andere Bilder erzeugt. Nichts ist absolut.

Jeder Gedanke ist ein Hologramm. Warum sollten wir so viele Schwierigkeiten auf uns nehmen, um ein Hologramm zu erzeugen, von dem wir bereits wissen, dass es existiert? Weil es in diesem Gehirn seine Bilder im Stirnlappen präsentiert. Dieser ganze Prozess wird Bewusstsein und Energie genannt. Das ist der Prozess im Körper, weil wir, wenn wir dieses Hologramm hier oben im Stirnlappen hielten und es durch nichts anderes stören ließen, durch Willen einen Gedanken halten. Dieser Wunsch, einen Gedanken zu halten, ist uns angeboren, weil etwas geschieht, wenn wir das tun. Dieser Gedanke, eingebettet in das Feld der sich wellenförmig bewegenden Energie in unterschiedlichen Frequenzen, die den Körper umgeben und mit allen anderen Energien verbunden sind, lässt all diese Energie in Partikel kollabieren.

Das Studium der Energie

Nun werden wir Energie studieren. Wo kommt die Festigkeit her? Damals, als wir alle anfingen, gab es nichts Festes. Festigkeit ist oberflächlich. Sie ist wirklich eine Illusion. Ihr denkt, sie wäre alles – und ihr solltet so denken – aber der Geist denkt nicht so. Der Grund, warum wir einen Körper haben, ist, dass der Körper entschlossen ist, auf der Festigkeit zu bestehen, um die Realität von Etwas zu erkennen, das er schmecken, riechen, sehen und fühlen möchte. Das soll er tun.

Nun schaut euch alle um und nehmt die Leere im Raum wahr. Was ist mit dem leeren Raum? Was besetzt diesen Raum? Energie. Und die Dinge, die ihr seht, sind kollabierte Energie, euer Körper eingeschlossen.

Abb. 3: Energie als Welle und als Partikel

Nichts existiert außerhalb des ursprünglichen Grundes, der Bewusstsein und Energie ist. Nichts existiert außerhalb davon. Es ist das Einwirken auf das Nichts. Das würde darauf hinweisen, dass alle Macht, aller Mind, alle Fähigkeit darin verschlossen sind, und das sind sie. Wir könnten diese Wellendarstellung ansehen und sagen: „Das bin ich" und es wäre nicht unrichtig, weil diese Wellenfrequenz Energie ist.

Alle Energie wartet darauf, geformt zu werden. Alles um euch wurde bereits vollendet, und zurückzugehen und weiter daran zu arbeiten ist eine Art langweilige Aufgabe. Abenteuerlich ist der Raum zwischen euch und mir, den ihr noch nicht verstanden habt. Er ist diese Energie. Das bedeutet, dass es da ein unbehandeltes Feld der Potenziale gibt, über das noch nichts gelehrt und auf das noch nicht eingewirkt wurde.

Dazu sagt euch die Quantenmechanik – und alle von euch, die verstehen wollen, wie man Energie handhaben kann, sollten die Quantenmechanik studieren – dass es so etwas wie feste Materie nicht gibt. Das ist korrekt. Die einzige Weise, wie sie fest wurde, ist, dass Energie kollabiert wurde, etwas sie in Partikel kollabieren ließ.

Die Unschärferelation und der Beobachtereffekt

Wellen von Energie sind sowohl aktive Wellen als auch Partikel. Sie sind die gleiche Sache. Partikel und Energie sind die gleiche Sache. Welches geheimnisvolle Etwas beschloss, dass diese frei fließende Wesenheit sich plötzlich in Masse auflösen sollte? Was Energie dazu bringt, in Partikelform zu kollabieren, ist der Beobachter. Das sagt euch die Wissenschaft – der Beobachter. Nun, wer ist das? Ihr seid es. In wissenschaftlichen Tests – so unerleuchtet waren eure Wissenschaftler – war man entschlossen zu beweisen, dass Energie und Partikel dasselbe sind. Sie bereiteten kleine Tests vor und genau das, was sie dachten, dass geschehen würde, geschah. Sie dachten, sie wären Genies. Sie wiederholten die Tests immer wieder und es wiederholte sich. Sie meinten: „Ha, seht ihr, ich habe es euch gesagt, Energie ist ein Partikel. Es gibt keinen Unterschied."

Newtonsche Physiker kamen mit ihren Zweifeln, weil sie nicht verstehen konnten, wie das sein kann. Sie sahen nur eine gerade Linie und sie endete irgendwo. Also bereiteten sie das gleiche Experiment vor, nur, wisst ihr, wie sie beschlossen, was geschehen sollte? Sie gingen in den Test mit einer zuvor gefassten Meinung, dass sie gemäß der Unschärferelation reagieren und sich verhalten würde. Nun, das geschah. Und sie wiederholten den Test und sagten: „Seht ihr, es hat nichts mit der Masse zu tun. Masse und Energiewellen sind zwei verschiedene Dinge." Und das andere Team kam und führte den gleichen Test durch, und Energie wurde zu Masse. Folgendes passierte einigen genialen Wissenschaftlern. Sie erkannten, dass Energie sich genau gemäß dem das Feld beobachtenden Beobachter verhielt. Anders gesagt, sie tat immer genau das, was sie dachten, dass sie tun würde. Also hatten alle recht. Die alte klassische Physik, sie hat Recht, und die neue erleuchtete Physik, sie hat auch Recht. Haben wir nicht Platz für jedermanns Wahrheit? Das sind wundervolle Neuigkeiten, außer natürlich ihr seid traditionsgebunden.

Lasst mich euch zeigen, wie bewusst Lichtphotonen sind. Man führte einen weiteren kleinen Test durch. Die Wissenschaftler wollten nicht mal, dass das Licht sie sprechen hörte. Sie gingen in einen verbleiten Raum und sagten: „Wir werden Folgendes tun: Wir werden einen Lichtstrahl hinausschießen, aber wir werden eine Barriere davor errichten. Am Boden werden wir einen kleinen Spalt machen und auf der Rückwand – wir haben eine negativ-sensitive Wand – werden wir in dem Augenblick, in dem Lichtphotonen auf diese Wand auftreffen, in der Lage sein, sie zu sehen und einen Plan von ihnen zu erstellen, weil sie sich an diesem Punkt in einen festen Gegenstand verwandeln und ihr Muster hinterlassen.“ Als sie dem zugestimmt hatten, bereiteten sie das Experiment vor.

Genau genommen ließen sie andere es vorbereiten, um das Licht nicht zu informieren, was möglicherweise mit ihm geschehen würde. Sie ließen ein anderes Team diesen wundervollen Strahl von Lichtphotonen einschalten. Und er startete, reiste, traf auf die Wand, kletterte nach unten, ging durch den Spalt, kam auf der anderen Seite heraus und hinterließ seinen Abdruck.

„Ziemlich schlau, hm?“

„Ihr wollt mir sagen, dass Lichtphotonen bewusst sind? Nun, ich werde Gott sein.“

„Das sind sie mit Sicherheit.“

Wenn ihr mir nicht glaubt, habt Respekt für die Wissenschaftler, glaubt ihnen, weil sie gezeigt haben, dass sogar, als sie hinter des

Lichtes Rücken geschlichen waren, das Licht das Spiel erkannte. Es wusste genau, was es zu tun hatte. Normalerweise würde ein Lichtstrahl einfach in einer geraden Linie auftreffen, aber diese Photonenpartikel und –wellen gingen durch den Spalt und auf die Rückwand. Denkt ihr nun nicht, dass die Energie, die zwischen euch und mir existiert, hyperintelligent ist? Aber wenn sie so intelligent ist, warum braucht sie euch? Weil ihr der Beobachter seid, Gott seid und Energie sich gemäß Gott verhält.

Ihr sagt: „Na ja, das ist ziemlich weit vom Labor entfernt.“ Nein, ist es nicht. Ich könnte euch dorthin bringen und ihr könntet eine Photonenwolke beobachten und sie würde genau das tun, was ihr dachtet, dass sie tun würde. Dann müsstet ihr euch umdrehen und es dem Wissenschaftler erklären und er würde es verstehen und sagen: „Dachten Sie, dass eine Photonenwolke so aussehen würde?“

„Ja.“

„Gut, das haben Sie also gesehen.“

ABB. 4: DAS DOPPELSPALTEXPERIMENT

				Von den Newtonschen Physikern erwartetes Resultat: Zwei separate Streifen in direkter Ausrichtung zu den beiden Spalten.
	Doppelspalt-Platte	Filmplatte		Filmplatte (Frontalansicht)

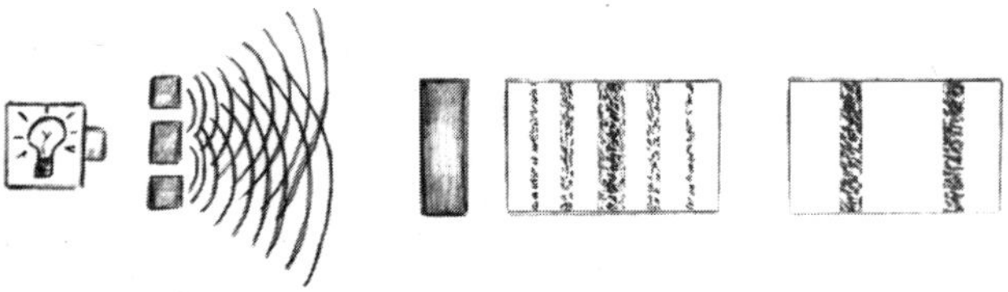

Quelle der subatomaren Partikel	Interferenzmuster			Tatsächliches Ergebnis: Die größte Konzentration ist in der Mitte des Bildes zu finden, was auf ein Welleninterferenzmuster hinweist, auch wenn einzelne Partikel, nicht Wellen, von der Quelle ausgesendet werden.

Wer ist nun der Beobachter in Energie? Ihr seid es. Was ist die Kraft der Beobachtung? Das Hologramm, das genau in eurem Stirnlappen sitzt. Dieser Fokus kann mit dem Energiefeld alles tun, was er will.

Hier ist noch etwas, das ihr verstehen sollt. Wenn das der Beobachter ist, und das ist er, und diese Energie bereits hochintelligent ist, dann würden wir den Beobachter als den Herrn und die Energie als den Diener bezeichnen. Wir würden das Bewusstsein und Energie nennen. Alle Energiewellen waren etwas. Wenn sie in Partikel kollabieren, geschieht das, weil jemand auf ihr Kollabieren fokussiert war. Das bedeutet, dass diese gesamte Welle ein Muster huckepack nehmen und das Muster entsprechend kollabieren lassen kann.

Atomare Partikel verstehen

Ein Atom ist nur eine Form, die Energie trägt. Energie hat sich selbst in jedem Partikel erschaffen, das jemals existierte. Es gibt eine Konservierung von Energie in der Natur und das bedeutet einfach, dass es keine bestimmten Tachyonen und, in der Tat, keine bestimmten Lichtphotonen und, in der Tat, keine bestimmten Elektronen gibt. Elektronen waren Nuklei, Nuklei waren Lichtphotonen, Lichtphotonen waren Tachyonen – alles Partikel. Warum ist es wichtig, dass ihr euch das merkt? Damit ihr als Studenten wisst, dass ihr nicht mehr Energie bekommen, sondern nur die Energie, die ihr zur Zeit habt, wieder verwenden müsst. Ihr könnt alles haben.

Alles zu haben bedeutet nicht, dass ihr vierzig Mal am Tag trainieren müsst, um Energie zu bekommen. Das bedeutet es nicht. Es bedeutet nur, dass die Energie, die genau jetzt um euren Körper ist und die Existenz eures täglichen Lebens aufrecht er hält, dass diese banalen Partikel, gegen ungeheuerliche Partikel eingetauscht werden können und ihr dafür nichts tun müsst. Ihr müsst nur die Hologramme neu formen und in dem Augenblick, in dem ihr ein Hologramm als Beobachter neu formt, wird sich euer Leben auflösen und neu formen.

Versteht ihr, zumindest theoretisch, dass das, was ihr denkt, sich auf die Energie um euch herum auswirkt? Fängt es an, für euch ein wenig mehr Sinn zu ergeben? Und ist es ein wenig glaubwürdiger? Das ist es, nicht wahr? Nun, das nennt man Erleuchtung.

Was ist Realität?

Bewusstsein und Energie erschaffen die Natur der Realität. Nun, was ist Realität? Eure Realität besteht aus all den Menschen, Orten, Dingen, Zeiten und Ereignissen in eurem Leben. Euer gesamtes Leben ist so, wie ihr dessen Sein erschaffen habt. Ihr könnt niemand anderen dafür beschuldigen, daran teilzuhaben. Wir sind keine Opfer; wir sind Schöpfer. Das ist unser natürlicher Seinszustand. Wir sind keine Opfer. Dadurch werden sich einige von euch unwohl fühlen, weil ihr all diese Komplexe und Schuldgefühle habt. Ihr müsst sie nicht haben. Warum habt ihr sie noch immer? Weil ihr sie an Ort und Stelle haltet und ihr denkt, irgendjemand hat euch irgendetwas angetan. Die anderen haben euch dazu gebracht, etwas zu tun, oder ihr habt ihnen etwas angetan, oder ihr habt ihnen etwas aufgezwungen. Sie haben nachgegeben und jetzt fühlt ihr euch deshalb schlecht. Alle Handlungen sind selbstbestimmt. Ich möchte, dass ihr euch das merkt. Es ist die am meisten beeindruckende und ermächtigende Aussage, die ihr machen könnt. Und dennoch erfordert es eine weit fortgeschrittene Wesenheit, um sagen zu können: „Ich habe dieses Chaos erschaffen. Niemand anderer hat es getan.“ Nun, das ist schwer zu sagen, nicht wahr, weil es so viel besser ist, andere Menschen zu beschuldigen als sich selbst.

Schuld ist einer der Gründe, warum ihr im Rad der Inkarnation gefangen seid. Ihr kommt hierher zurück, weil ihr es richtig stellen müsst. Es ist einfach, mit dem Finger auf jemanden zu deuten und zu sagen: „Es ist deine Schuld.“ Das ist ein unreifes, als lebender Toter wandelndes Wesen. Was ist ein erleuchtetes Wesen? Auch wenn es schmerzt, schließlich sagen zu können: „Ich habe dieses Leben erschaffen und ich übernehme volle Verantwortung für alles, was ich getan habe und ich beschuldige nicht länger irgendjemand anderen. Ich bin es.“ Warum ist das befreiend? Weil es im gleichen Augenblick zeigt, wie machtvoll ihr wirklich seid. Ihr seid die Beobachter.

Wie wollt ihr die Macht eines Meisters in eurem Leben ausüben? Die Art, wie ihr die Macht eines Meisters ausübt, ist, euren

Mind von Schuld und Opferhaltung, im Grunde von der Vergangenheit selbst zu befreien. Befreit zu sein ermächtigt. Wenn ihr diese Art Leiden vielleicht erschaffen habt, wenn dieses Leben nichts hat außer Schuld, Unsicherheit, Angst und Scham, wenn ihr das Leben so verschwendet habt, dann war es an diesem Ort, wo ihr all das als Beobachter in seiner Kreisbahn gehalten habt. Was geschieht, wenn ihr das erkennt? Es löst sich alles auf. Wisst ihr nicht, dass die Kunst des Vergebens nicht darin besteht, jemanden um Vergebung zu bitten, sondern ihn freizulassen. Kein wahres spirituelles Wesen wird jemals in einem Mind der Schuld und der Scham verweilen. Darum kümmert man sich sofort, weil Wissen das Licht anschaltet.

Was also geschieht, wenn ihr sagt: „Ich habe das erschaffen"? Denkt darüber naah. Was war der erste Arbeitsgang eures Geistes, als er hereinkam? Zu welchen Taten neigtet ihr? Vielleicht solltet ihr die Dinge tun, die ihr getan habt. Vielleicht war das der erste Arbeitsgang. Das sind die unvollendeten Angelegenheiten. Doch die meisten von euch haben es nie aus diesem ersten Arbeitsgang herausgeschafft, um sich darum zu kümmern und weiterzugehen.

Was geschieht, wenn ihr plötzlich sagt: „Ich habe mein Leben erschaffen"? Ah, da gibt es etwas in euch, das sich dreht und windet und eure Seele im Schraubstock hält, sodass ihr es nicht einfach äußern könnt, weil euer Stolz in eurem Leiden liegt. Arrogante Menschen sind diejenigen, die stolz leiden und Stolz lässt es euch nicht aufgeben, weil es ein Lieblingsärgernis ist. Ihr werdet sagen: „Gut, das ist, wer ich bin." Ich werde euch sagen: „Das ist sicherlich so und ihr könnt es haben. Es ist eure Schöpfung." Aber was wäre, wenn ihr es überwinden und es einfach da hinaus werfen könntet, was könnte euch möglicherweise geschehen? Vieles, weil ihr nie so gedacht habt.

Das Neuronetz der Persönlichkeit

Was ist Gedanke? Bilder. Woher kommen die Bilder? Vom Gehirn. Hat ein Gehirn seine eigene Denkweise? Ja, man nennt sie Persönlichkeit. Was ist eine Persönlichkeit? Eine Persönlichkeit ist die Gesamtheit der Neuronetzprogrammierung. Was sind Emotionen? Emotionen sind die Hormonreaktionen auf diese Neuronetzpersönlichkeit. Was bedeutet das? Das bedeutet, dass es euch als kleinem Kind gestattet war, zu wachsen, zu entdecken und zu werden – das wird die Zeit der Unschuld genannt – bevor euch größere Reife übernommen hat. Diese Reife war die tiefe Weisheit eures Geistes.

Es geschah aber, dass ihr eine wirklich starre Denkweise entwickelt habt. Ihr habt eurem Gehirn noch nicht erlaubt, alles durchzumischen. Und wer bestimmt das Vermischen? Ihr tut das, also seid ihr wirklich zu Schuld bereit. Aber Schuld ist nur ein Neuronetz. Sie existiert nirgendwo da draußen. Wo ist eure Schuld? Zeigt sie mir. Ich sehe sie nicht. Sie ist nicht hier im Gehirn. Warum ist es wichtig, das Programm zu verändern? Weil ihr, wenn ihr das Programm ändert, die Bilder ändert. Was geschieht, wenn Schuld losgelassen wird und wir das Licht des Wissens in dieses dunkle Loch scheinen lassen? Dann beginnen wir von neuem zu denken. Das Gehirn beginnt, von neuem zu reagieren. Der Geist beginnt euch mit einem Gefühl, das sich richtig anfühlt, zu erfüllen. Wem schließt ihr euch an, einer fixierten Denkweise oder etwas, das sich richtig anfühlt? Es ist immer eure Entscheidung gewesen.

Was geschieht dann, wenn das Licht der Vernunft und was ihr heute hier gelernt habt, eure Scham abschaffen? Wie wird sich euer Leben verändern? Es ändert sich auf folgende Weise. Ihr habt Menschen, Orte, Dinge, Zeiten und Ereignisse in eurem Leben, alles, was ihr getan habt, durch eure Persönlichkeit zusammengehalten. Sie hält alles an Ort und Stelle. Woher wissen wir das? Weil diese Menschen, Orte, Dinge, Zeiten und Ereignisse nicht in eurem Leben wären, wenn sie nicht zuerst in eurem Gehirn gewesen wären.

Es gibt also einen ständigen Beobachter. Die Gehirnpersönlichkeit ist der kumulative Beobachter im Energiefeld. Alles, was ihr in eurem Leben sehen könnt, jeder Mensch, den ihr in eurem Leben gut kennt, alles, was ihr je in eurem Leben getan habt, die vier Wände, die ihr in eurem Leben euer Heim nennt, werden alle durch den kumulativen Effekt der Persönlichkeit des Gelben Gehirns zusammen gehalten. Das ist, wer ihr seid, bis hin zu der Art von Bildern, die ihr an die Wand hängt und eure Lieblingsfarben. Eure Lieblingsfarben sind das vorherrschende Neuronetz im Gehirn, durch das alles gefärbt wird. Ihr könnt nicht ohne das Gehirn denken. Denken ist das Feuern einer Abfolge von Gedanken, und jeder Gedanke ist an ein Neuron angeschlossen. Wenn sie kumulativ feuern, erzeugen sie ein Bild.

Wir können das Bild ändern. Wir können gelb in eine Sonne oder in eine Banane verwandeln. Willentlich können wir den Computer dazu bringen, das Bild zu formen. Worauf auch immer wir uns ausruhen, ist, was die Realität hier draußen veranlasst, an Ort und Stelle zu bleiben. Wie wissen wir das? Ihr müsst mir nicht glauben. Geht und fragt eure Wissenschaftler der Quantenmechanik. Sagt zu ihnen: „Woraus besteht die Welt wirklich?“ und sie werden euch ansehen und sagen: „Energie.“

„Wie ist das alles so geworden?“ Und sie werden sagen: „Ich bitte um Ihre Nachsicht, aber ich kann nur spekulieren. Es ist unser Verständnis, dass die Welt so geworden ist, weil jemand so gedacht hat.“

Veränderung durch Selbstliebe zum Ausdruck gebracht

Warum sollte euer Leben außerhalb der Wissenschaft sein? Warum sollten eure Probleme etwas sein, das außerhalb dieses Modells existiert? Ihr seid nicht so speziell. Ihr seid immer noch ein menschliche Wesen. Was geschieht also, wenn ihr die Scham aufgebt? Es ist erstaunlich. Wenn sie im Gehirn aufgegeben wird, wird sich ein Teil eures Lebens beinahe augenblicklich verändern, weil

Scham, Angst, Schuld und Mangel durch einen Gedanken an Ort und Stelle gehalten werden. Gefühle sind zweitrangig. Emotionen sind zweitrangig. Emotionen können erst kommen, wenn sie zuvor gedacht wurden. Was wäre, wenn wir sie abschafften? Dann gäbe es keinen Beobachter auf einem Feld, das den Rückpralleffekt des Leidens erschafft, weil ihr, wenn ihr jemandem etwas vor langer Zeit angetan habt, oder erst gestern und ihr wegen dem, was ihr getan habt, Schuld fühlt, an der Schuld leiden werdet. Ihr werdet mit dieser Person nichts mehr zu tun haben, weil es zum Urgedankenprozess im Gehirn wird.

Wenn wir eine Denkrealität zusammenstellen, wo ihr denkt: „Heute ist ein schöner Tag", stellt euch das Gehirn vor, wie es all diese Bilder feuert. „Heute ist ein schöner Tag." Es musste diese Bilder feuern, bevor ihr die Worte überhaupt äußern konntet.

Und dann: „Es ist für alle anderen ein schöner Tag, außer für mich. Das ist nicht mein Tag. Es war niemals mein Tag." Wie ist es damit? Das untergräbt alles.

„Oh, du siehst so glücklich aus. Nun, du solltest glücklich sein. Du hast alles."

„Oh, das bin ich. Ich bin sehr glücklich. Ich bin sehr glücklich. Du nicht?"

„Ich bin froh, dass du fragst, aber nein, ich bin niemals glücklich gewesen, und ich habe alles in der Welt gekauft, was ich kaufen konnte. Ich hatte alles Geld in der Welt und ich hatte alle Menschen in der Welt. Ich hatte alle Arten von Liebhabern. Ich habe alle möglichen Dinge getan. Und ich sitze immer noch hier und frage mich, was dafür nötig ist."

Ich werde euch sagen, was nötig ist: Entfernt Schuld, die vor fünfundzwanzig Jahren entstand. Entfernt sie einfach aus eurem Gehirn. Wenn das Licht darauf leuchtet, wird das Gehirn die Logik der Lehre sehen. Und was fügt ihr anstatt ein? „Ich bin ein glücklicher Mensch." Und wenn das in der Sprache der Formen gesprochen werden kann, was geschieht mit dem Unglücklichsein in eurem Leben und jedem, der mit euch in Schuld verbunden ist? Ihr habt all diese unausgesprochenen Verpflichtungen. Um einen Leidenden zu haben, müsst ihr einen Tyrannen haben. Also erschafft das Gehirn einen Tyrannen in eurem Leben, der euch weiter leiden lässt.

Diese Person, die in euer Leben kommt, weiß nicht, dass sie da ist, um euch leiden zu machen. Es ist einfach ein großer Teil ihres Charakters. Es ist nichts falsch an ihr. Aber an euch ist es alles, weil sie euch leiden macht. Sie hat nicht mal eine Vorstellung davon, dass sie es tut. Das ist die unausgesprochene Vereinbarung. Gutes passiert allen außer euch. Ziemlich bald ist das die Vereinbarung. Zu euch kommt nichts Gutes.

„Ich werde nie die Liebe kennen lernen", und das ist korrekt, das wird die Vereinbarung sein. Ihr werdet die Liebe nie kennen lernen. Niemand wird je in euer Leben kommen, der euch die Liebe bringen wird. Wisst ihr warum? Weil Liebe erst eine Grundlage des Selbst sein muss. Was bedeutet das einfach gesagt? Ihr müsst lieben, wer ihr seid.

Wie macht man das? Ihr werft einen Blick auf euer Leben und fragt euch selbst: „Bin ich ein Leidender? Bereue ich? Bin ich ein Opfer? Bin ich voll Hass und Zorn?" Ihr fragt euch das und wenn die Antwort auf eine dieser Fragen Ja lautet, ist die großartigste Weise, wie ihr Liebe bekommen werdet, euch selbst genug zu lieben, um es loszulassen. Wie lasst ihr los? Ihr ersetzt dieses Neuronetz, schließt es an. Anstatt an „die Sonne" schließt ihr es an „eine Banane" an. Und wenn das Gehirn als Computer die Programmierung richtig hinbekommt, ist es das, was immer feuern wird. Das ist wahres Vergeben und das ist der Akt der Selbstliebe.

Liebt euch selbst. Quält euch niemals selbst. Liebt euch selbst. Vergleicht euch nie mit jemand anderem. Es gibt niemanden, der so ist wie ihr. Liebt euch selbst. Denkt nicht, dass Liebe damit zu tun hat, wie ihr ausseht. Liebe hat vor allem mit Substanz in euch zu tun. Also gebt euch selbst Liebe. Es gibt niemanden wie euch, also hört auf, wie alle anderen zu sein. Hört auf zu denken, dass euch die Welt etwas schuldet. Sie schuldet euch gar nichts. Ihr schuldet euch selbst. Liebt euch selbst, um Menschen in eurem Leben zu vergeben. Es ist nicht so, dass ihr nur wollt, dass ihnen vergeben wird, ihr wollt, dass euch vergeben wird. Das bedeutet sich selbst zu lieben.

Nun, was geschieht, wenn ihr auf diese Weise an euch selbst arbeitet? Die Vereinbarung verändert sich. Die Menschen, die jetzt in euer Leben kommen, teilen alle diesen gemeinsamen Nenner und lieben, wer sie sind. Sie sind schelmisch unabhängig. Sie halten von ihrem Mind mehr als von ihrem Körper und sie finden Gehalt in einem Abendwind und finden Liebe in der Natur. Und wenn sie das tun können, haben sie mit Sicherheit Liebe für euch, weil ihr sie verdient. Ihr bekommt im Leben nie, was ihr nicht verdient.

Ich habe mit diesem Gespräch mit euch begonnen, weil ihr wissen sollt, dass euer Leben zu verstehen, nicht das Ende des Glücklichseins bedeutet. Oft ist es der Anfang davon. Ihr habt jeden um euch angesehen, um Freude zu finden. Wisst ihr, ihr habt Menschen geheiratet und sie euch versprechen lassen, dass sie euch lieben werden. Wie ist es mit euch, die ihr euch selbst versprecht, euch zu lieben? Warum in der Welt habt ihr diese Last jemand anderem aufgeladen? Niemand ist fähig, das zu tun. Es gibt nicht einen Meister im Ungesehenen, der die Macht hat, für euch zu lieben. Warum erwartet ihr von einem gewöhnlichen Sterblichen wie euch selbst, so verantwortungsvoll zu sein, euch zu lieben?

Glück in anderen Menschen zu finden heißt nur, nach Elend Ausschau zu halten, weil sie euch alle enttäuschen werden, genau so wie ihr alle enttäuscht habt. Wie viele Menschen waren enttäuscht, weil ihr euch nicht so entwickelt habt, wie sie dachten, dass ihr es solltet oder weil ihr nicht so ausgesehen habt, wie sie dachten, dass ihr es solltet? Wie viele Menschen waren von eurer Derbheit oder Rüpelhaftigkeit enttäuscht oder peinlich berührt? Ihr enttäuscht Menschen die ganze Zeit. Das ist nichts Neues.

Was ich euch sagen will, und was so äußerst wichtig ist, ist, wenn ihr euch selbst ehrenhaft betrachtet, erweist ihr euch selbst einen großen Dienst. Wenn ihr eure Freude verliert und ihr für eine Weile traurig werdet – im Verständnis, dass es kein medizinisches Leiden ist – bewegt sich etwas zurück und versucht, mehr Wissen für das Selbst hochzubringen, indem es dem Gehirn gestattet, sich ohne die Hysterie von Emotionen zu verändern. Deshalb suchen wir den sicheren Hafen im Mittelgehirn. Das ist es, was Depression ist.

Nun, ist es jemals für irgendjemanden zu spät? Es ist niemals zu spät. Wenn ihr dieses gesamte Leben in Dummheit und Unwissenheit lebt und es am letzten Tag eures Lebens plötzlich wichtig wird, den Sonnenaufgang zu erleben, den nächsten Tag zu sehen, den Morgen, dann werdet ihr an jenem Morgen eine tiefe Verbundenheit mit dem Leben und mit der Natur empfinden, die ihr in der Blindheit eurer Jugend und der Zurückgezogenheit eures mittleren Alters nie betrachtet und nie gefühlt habt. Und wenn ihr an diesem letzten Morgen eins seid mit den goldenen Lichtstrahlen, die auf eurer Fensterscheibe tanzen und wenn ihr euch selbst jeden Moment dabei erwischt, Teil davon zu sein, dann wird das der wichtigste Tag in eurem Leben sein, wenn ihr verscheidet. Dann war das Leben es wert.

Wenn wir Götter sind, wie ich euch gesagt habe, dann wurde uns die Verantwortung wie sie zu handeln übertragen. Wen wir Götter sind, liegt es nur an uns, uns glücklich zu machen, an niemandem sonst. Wenn wir Götter sind, liegt es nur an uns, uns Liebe zu schenken, an niemandem sonst. Wenn wir das, was wir sind, lieben, dann regiert der Gott in uns, denn Gott ist ein Gebender und kein Nehmender. Dann könnt ihr alle Menschen bedingungslos lieben, weil ihr ohne die Bedingung, dass sie es erwidern, lieben könnt. Warum würdet ihr Erwiderung brauchen, wenn sie bereits in euch ist? Das ist die ultimative Freiheit, und das ist letztlich, wie ein Meister liebt. Und ist es nicht wunderschön? Ihr müsst euch nicht länger darum sorgen, Menschen zu lieben, wenn sie zu dünn oder zu alt oder zu jung sind oder ihre Hautfarbe nicht richtig oder ihre Bilanz im Negativen ist. All das verschwindet, weil die Wahrhaftigkeit dessen, was ihr seid, bereits da ist und für jeden Platz hat.

Das meinen wir damit, dass bedingungslose Liebe euch zuerst geschenkt werden muss. Von all dem, was ihr in unserer kurzen Zeit miteinander gelernt habt, sollt ihr wissen, dass dies die wichtigste Lehre ist. Ohne dieses Wissen und, in der Tat, ohne das Bemühen, es anzuwenden, könnt ihr in dieser Schule zwar Phänomene erschaffen, weil ihr all die Fähigkeit dazu habt, aber letztlich werden euch die Phänomene nicht glücklich machen. Wie alles andere werden sie alltäglich sein und ihr werdet euch innerlich noch immer leer fühlen.

Der Beobachter manifestiert sowohl Skepsis als auch Aufgeschlossenheit

Es ist das träumende Gehirn, mit Erlaubnis des Geistes, welches das Leben geschaffen hat, um das Unbekannte bekannt zu machen und den Mind zu kreieren. Somit habt ihr alles, was ihr in eurem Leben sehen, schmecken, riechen und fühlen könnt, manifestiert. Das ist die Gesamtheit eures achtsamen Bemühens.

Warum ist es so, dass einige Träume nicht wahr werden? Basierend auf diesem Modell erschafft der Beobachter Realität mit dem, worauf sich der Beobachter fokussiert. Warum werden einige eurer Träume nicht wahr? Das ist sehr wichtig. Wissen diejenigen von euch, die skeptisch sind, woher ihre Skepsis kommt? Eure Skepsis kommt davon, dass ihr sehr gut wisst, dass das Leben sehr hart, real und sehr schwierig ist und dass Tagträumen für Idioten ist.

Ihr kennt nur das Fazit. Eure Skepsis hat die größeren Träume davon abgehalten, sich jemals zu manifestieren, da der Traum, was auch immer er für euch sein mag, ein Traum aus einer Vielzahl von Dendriten in Harmonie ist. Dieser Traum hat sein eigenes Neuronetz. Er ist im Gehirn genau so lebendig, wie euer Arm in eurem Gehirn lebendig ist. Das Gehirn sieht keinen Unterschied zwischen eurem Arm und eurem Traum. Nun, wer bewirkt das? Man nennt es das Logikzentrum. Das Logikzentrum ist der Antichrist, weil in diesem Zentrum alles abgewogen wird, ob es gut oder schlecht ist, ja oder nein, höher oder tiefer, vergangen oder zukünftig, schwarz oder weiß, all diese dummen Dinge. Logik handelt vom Beurteilen.

Was ihr getan habt, ist, dass ihr jemandes Lüge, jemandes Realität glaubtet, Ihr habt euch des anderen Beobachter ausgeborgt und ihn in euer Gehirn gepflanzt. Und was war dieser Beobachter? Man nennt das eine Meinung. Des anderen Meinung sagte: „Gut, träum weiter, denn ich glaube nicht an Träume. Ich glaube, man muss jeden Tag hart für sein tägliches Brot arbeiten. Wenn du ein Mann bist, musst du im Schweiße deines Angesichts arbeiten und dein Gehirn einsetzen, um andere Männer zu übertrumpfen und immer Macht und Kontrolle behalten. Wenn du eine Frau bist, nutze dein weibliches Können, um einen Mann bei der Stange zu halten, der das Geld nach Hause bringt, damit du bekommen kannst, was du willst. Du musst immer wachsam sein.“ Nun, das nennt man die Schule des guten Benehmens. Sie ist eine Meinung. Aber im träumenden Gehirn ist sie an ein Neuronetz gebunden, das sagt: „Du bist nicht echt. Mein Arm ist echt, aber du bist nicht echt.“ Also haben wir den Traum, aber wir haben einen damit verbundenen Zensor.

Wie erscheint er also im Gehirn? Der Traum beginnt im Gehirn, und in dem Augenblick, in dem ihr euch völlig einlasst, euch ihm hingebt, gibt es eine kleine Stimme in eurem Kopf. Das Gehirn hat keine Stimme, aber es kann Worte lautlos ausdrücken, weil es sie sich eingeprägt hat. Daher kommt diese kleine Stimme aus dem Gedächtnis, die sagt: „Es ist nur ein Traum. Er wird nicht wahr“, oder „Du bist ihn nicht wert. Mach dir doch nichts vor.“ Das ist eine Meinungsstimme – das ist alles, was sie ist – und wenn der Traum erscheint, hat er eine Krebsgeschwulst, weil dieser Traum jedes Recht hat, Energiefelder zu beeinflussen, wie es euer Arm hat. Fragt euch selbst: „Kennt mein Gehirn wirklich den Unterschied?“ Habt ihr je einen großen Meister sagen gehört: „Das ist nur eine Illusion?“ Nun, das ist es. Alles, was ihr entwerfen könnt, ist es. Alles was ihr tun müsst, ist, euren Zweifel zu entfernen. Wenn ihr den Zweifel beibehaltet, verliert ihr. Zweifel hält nur das Alte, das Alltägliche aufrecht. Denn was habt ihr zu verlieren, wenn ihr den Zweifel entfernt? Was ihr zu verlieren habt, sind die alten Träume anstatt der neuen. Das ist alles. Wie lange könnt ihr diesen Fokus hier oben im Stirnlappen halten?

Das geht so ähnlich wie wenn man an einem Computer zu arbeiten, um ein Bild dazu zu bringen, auf dem Schirm zu bleiben, auch wenn man das Bild langsam verändert, ohne jedoch den Computerbildschirm abzudschalten. Im menschlichen Körper nennt man das Fokus. Die menschliche Persönlichkeit beschäftigt sich nicht gerne damit. Die Persönlichkeit liebt es, herumzufliegen und ihre Grenzen wieder zu verbinden. Der einzige Aspekt von euch, der die Macht hat, den Fokus zu halten, ist das spirituelle Wesen, das ihr wirklich seid und es kann den Fokus dazu bringen, still zu halten. In dem Augenblick, in dem ihr zu diesem Fokus werdet, verliert ihr jedes Gefühl für Zeit, Ort und Sein. Plötzlich vergesst ihr, dass ihr in diesem Raum seid, ihr vergesst, dass ihr in diesem Körper seid, denn plötzlich seid ihr das, worauf ihr fokussiert. Das nennt man analogen Mind. In dem Augenblick, in dem ihr in den analogen Mind eintretet, habt ihr, als Beobachter, diesen Traum ins Sein gebracht.

Lasst uns über Glauben und Unglauben sprechen. Warum solltet ihr an irgendetwas nicht glauben? Was gibt es, woran man nicht glauben sollte? Denkt einen Moment lang darüber nach. Wie ist es mit dem Leben nach dem Tod? Nun, das ist ein wenig nebulös. Was bringt es euch, aufgeschlossen zu sein? Alles. Was verliert ihr, wenn ihr den Zweifel aufgebt? Kontrolle. Kontrolle ist sehr mächtig und mächtige Menschen sind sehr kontrollierende Menschen.

Ihr habt erst zu lernen begonnen. Und wenn ihr all dieses Wissen nähmt, wenn ihr herausfändet, dass es beim Vergeben nicht darum geht, alle anderen zu bitten sondern sich selbst, wenn ihr es leid seid, unglücklich zu sein und euch entscheidet, glücklich zu sein, dann hat dieser Tag seinem Zweck gut gedient. Ihr werdet auch feststellen, dass ihr gesünder und glücklicher und jünger werdet. Unglücklichsein ist eine Krankheit, die sich immer im Körper manifestiert. Wenn ihr euer Leben betrachtet und sagt: „Mein Gott, ich habe all das erschaffen; warum habe ich es nicht besser gemacht", was ist besser? Ihr könnt nur tun, was ihr wisst. Es ist so, dass niemand euch das je gesagt hat und jedes Mal, wenn jemand es versucht hat, gab es immer jemand anderen, der es lächerlich gemacht hat. Niemand hat euch je die Erlaubnis zum Träumen gegeben. Außerdem hat niemand euch je die Wissenschaft dazu erklärt. Niemand hat euch je Erlaubnis gegeben, euer Leben zu ändern und zu sagen, dass dies gut wäre, weil ihr wissen sollt, dass es bei Gott nur um Veränderung geht.

Was in eurem Leben stagniert, ist langweilig. Es ist gelebt worden. Es ist getan worden. Es ist gedacht worden. Es ist geschmeckt, gerochen und gefühlt worden. Das ist langweilig. Das ist Stagnation für den Geist. Wenn ihr beginnt, euch zu verändern, geht es nicht darum, jemand anderen zu verletzen. Es geht darum, euch selbst zu befreien. Wenn ihr euch verändert, ändert sich der Beobachter da oben in euch und euer ganzes Leben wird durch diese Metamorphose gehe. Und wenn es sich neu formiert, wird es genau eure Geisteshaltung widerspiegeln. Ihr habt nichts zu verlieren indem ihr euch selbst liebt, nur eure Vergangenheit.

Was könnt ihr gewinnen? Ich werde euch lehren, wie ein Gott zu träumen. Ich werde euch lehren, wie ihr den Traum akzeptieren und den Traum lieben könnt, um zu wissen, dass das, was auch immer hier im Stirnlappen sitzt, ist, und worin der Unterschied zwischen der denkenden Persönlichkeit und dem denkenden Geistes besteht.

Wenn der Schüler bereit ist, erscheint der Meister

Es gibt nichts in dem, was ich euch gelehrt habe, das gut oder schlecht wäre. Gut oder schlecht existieren im Königreich Gottes nicht. Gut oder schlecht ist eine privilegierte Entscheidung, die menschliche Wesen treffen. Oft fürchten sich alle so davor, schlecht zu sein, dass sie nie gut sind. Was ich heute euch gegenüber zum Ausdruck gebracht habe, ist meine Wahrheit. Ich bin schon sehr lange Zeit da und ich verstehe die menschliche Natur. Wenn ihr weise wärt, würdet ihr wahrscheinlich einige Ideen eures Selbst sehen, auf die hier hingewiesen wurde. Wenn ihr euch ein wenig unwohl fühlt, sorgt euch nicht. Alle haben sich gewunden. Aber das bedeutet nicht, dass das, was ich euch gelehrt habe, schlecht ist. Versteht, dass es weder Kritik noch Verdammung ist.

Wenn ihr es nicht besser wisst und alle um euch es tun, scheint es das richtige Tun zu sein. Der Grund, warum ihr einen Lehrer braucht – und nicht einen Lehrer auf diesem Planeten, weil ein solcher immer von der Geschäftswelt oder der Annehmbarkeit oder den Sternen oder irgendetwas beeinflusst wird – besteht darin, dass der Meister erscheint, wenn der Schüler bereit ist. Er ruft euch nicht per Telefon an. Er erscheint. Ihr könnt nicht wissen, was nach dem Tod geschieht, noch weiß es irgendjemand in eurer Gesellschaft mit Sicherheit. Das ist immer noch in der Schwebe. Die Geschworenen beraten immer noch über diese Entscheidung. Es gibt niemanden auf dieser Ebene, der qualifiziert ist, euch zu sagen, woher ihr gekommen seid, wohin ihr zurückgehen werdet und was eure Mission hier war, weil es niemanden auf dieser Ebene gibt, der dort gewesen ist. Sie sind immer noch hier. Und daher bekommt ihr diese lächerliche Vorstellung, dass die Sterne euer Leben leiten. Wenn ihr eure Macht an ein funkelndes Ding im Void abgebt, habt ihr wirklich ein Problem. Nun, ihr könnt sagen. „Aber es hat sich alles erfüllt." Lasst mich euch sagen, warum es sich erfüllt hat. Habt ihr einen Hinweis? Welche Eigenschaften waren dabei beteiligt? Bewusstsein und Energie. Ich muss euch sagen, dass das, was immer ihr in diesem Stirnlappen akzeptiert habt, geschehen wird.

Alle Wahrsager liegen immer richtig. Sie liegen sogar richtig, wenn sie falsch liegen. Wisst ihr, warum sie richtig liegen, wenn sie falsch liegen? Weil ihr ihnen glaubt. Sie liegen immer richtig. Das nennt man mentale Manipulation.

Lasst euch von keinem Regierungsbeamten sagen, dass man euch einer Gehirnwäsche unterzogen hat und lasst euch das nicht vom Amerika der Konzerne nahe legen, denn sie sind die größten Missbraucher, die es gibt. Ja, die Wahrheit wird vor der breiten Masse immer zurückgehalten, denn wenn sie die Wahrheit kennen würde, wäre das Spiel aus. Niemand, der Kontrolle hat, will, dass die anderen aufwachen. Deshalb nennt man das die Ebene der Demonstration, und deshalb seid ihr, wenn ihr hierher zurückkommt, in einem Gefängnis. Ihr müsst euch einen Weg erkämpfen, um vom Abgeben eurer Macht an ein Kartenspiel, vom Abgeben eurer Macht an eine Kanne Tee, vom Abgeben eurer Macht an einen Hellseher loszukommen und ihr müsst es oftmals alleine tun. Ihr seid der Schöpfer der Realität. Wenn ihr das versteht, seid ihr ein weiser Mann oder eine weise Frau. Wenn ihr das versteht, dann geht nicht zu jemandem, den ihr fragt, was euch bevorsteht, weil er euch vielleicht nur sagt, was ihr hören wollt.

Jeder Arzt ist, wenn er sein Geld wert ist, ein Medizinmann. Jemand muss euch da herausführen. Es muss jemand sein, der bereits dort gewesen ist, wohin ihr zu gehen versucht. Wenn er dort gewesen ist, kann er es für euch beschreiben, kann euch sagen, wie ihr dorthin gelangt, wie ihr es tun sollt, wie es sein soll. Wenn er für euch Fußspuren hinterlassen hat und ihr diesen Fußspuren entsprechend folgt, werdet ihr irgendwo landen.

Der Grund, warum alle Studenten des Großen Werks einen Lehrer und Hierophanten brauchen, ist, dass sie es nicht wissen. Sie müssen erst das Wissen formulieren, um zu erkennen, wohin sie gehen werden. Sie wissen nicht, wie man das Unterbewusstsein öffnet. Alle denken, dass man das Unterbewusstsein mit Drogen öffnen muss. Ich muss euch sagen, wenn ihr auf halluzinogene Drogen zurückgreifen müsst, um Gott zu erkennen, dann habt ihr euch mit den falschen Leuten eingelassen. Gott hat euch nicht so kompliziert gemacht, dass das, was Gott ist, sich euch nicht selbst offenbaren kann. Alles, was ihr tun müsst, ist, das Geheimnis zu lüften, wie man die Türen öffnet und dabei geht es nicht darum, euer Gehirn zu zerstören. Ich will, dass ihr das wisst.

Diese dummen Menschen, die all diese Drogen nehmen, sind so durcheinander in ihrem Neuronetz. Sie hören sich wie Propheten an, weil sie keinen Sinn ergeben. So wollt ihr nicht sein. Zu sein, wie ich euch sage, dass ihr sein sollt, ist für euch so natürlich. Ihr müsst nur wissen, wie man es macht. Dafür müsst ihr Wissen haben und das Wissen muss allumfassend sein. Es muss euren Körper und wie er funktioniert, euer Gehirn und wie es funktioniert, eure Umgebung und wie sie funktioniert sowie eure Genetik und wie sie funktioniert, beinhalten. Dann lernt ihr über den geheimen Ort namens Stirnlappen. Dann werdet ihr eines Morgens total erschrocken aufwachen, weil ihr verstehen werdet, dass alles, was ihr jeden Tag eures Lebens nur gedacht habt, sich manifestiert hat. Diese dummen Gedanken, die ihr denkt, wenn ihr Wasser kocht, manifestieren sich. Diese Gedanken, die ihr an eurem Computer habt, manifestieren sich als gewöhnlicher Gedanke. „Oh, mein Gott, das, was ich gerade so selbstverständlich denke, ist das, was alles zusammenhält. Wie gestalte ich mein gewöhnliches Denken ungewöhnlich?“

Ich lehre euch, wie man das macht.

Ramtha

Einführung von JZ Knight: Wie alles begann

„Mit anderen Worten, sein gesamtes Bestreben war darauf gerichtet, hierher zu kommen und euch zu lehren, außergewöhnlich zu sein.“

Mein Name ist JZ Knight und ich bin die rechtmäßige Besitzerin dieses Körpers. Ramtha und ich sind zwei verschiedene Personen, zwei verschiedene Wesen. Wir haben einen gemeinsamen Realitätspunkt und das ist gewöhnlich mein Körper. Obwohl wir sozusagen gleich aussehen, sehen wir nicht wirklich gleich aus.

Mein ganzes Leben hindurch, schon als ich noch klein war, habe ich Stimmen in meinem Kopf gehört und wundervolle Dinge gesehen, die in meinem Leben für mich normal waren. Ich hatte das Glück, eine Mutter zu haben, die ein sehr hellsichtiger Mensch war und niemals das, was ich sah, verurteilte. Mein ganzes Leben hindurch hatte ich wundervolle Erfahrungen. Die wichtigste Erfahrung war jedoch diese tiefe und umfassende Liebe für Gott, und es gab einen Teil in mir, der verstand, was das bedeutete. Später in meinem Leben ging ich in die Kirche und versuchte, Gott aus der Sicht der religiösen Doktrin zu verstehen, was mir große Schwierigkeiten bereitete, weil es mit dem, was ich fühlte und wusste, in Konflikt stand.

Ramtha war immer Teil meines Lebens gewesen, schon seit ich geboren war, aber ich wusste nicht, wer und was er war, ich wusste nur, dass da eine wundervolle Kraft in mir war, die mit mir einherging und wenn ich in Schwierigkeiten war – ich erlebte viel Schmerz in meinem Leben, während ich heranwuchs – hatte ich doch immer außergewöhnliche Erfahrungen mit diesem Wesen, das mit mir redete. Ich konnte ihn so deutlich hören, wie ich Sie in einem gemeinsamen Gespräch hören könnte. Er half mir, vieles in meinem Leben zu verstehen und das ging weit über das hinaus, was man normalerweise als Rat von jemandem erhält.

Es dauerte bis 1977, bis er an einem Sonntagnachmittag in meiner Küche erschien, wo ich gerade zusammen mit meinem Mann Pyramiden bastelte. Wir dörrten Essen, weil wir gerne mit dem Rucksack loszogen und wanderten. Als ich eines dieser albernen Dinge auf meinen Kopf setzte, tauchte am anderen Ende meiner Küche diese wundervolle Erscheinung auf, über zwei Meter groß, schimmernd, schön und rein. Niemand ist darauf vorbereitet, um 2.30 Uhr so eine Erscheinung in seiner Küche zu sehen. Niemand ist auf so etwas vorbereitet. Und so gab Ramtha sich mir damals zu erkennen.

Das Erste, was ich zu ihm sagte – und ich weiß nicht, woher das kam – war: „Du bist so schön. Wer bist du?“ Sein Lächeln ist wie die Sonne. Er ist ausgesprochen gut aussehend. Er sagte: „Mein Name ist Ramtha der Erleuchtete und ich bin gekommen, um dir über den Graben zu helfen.“ Da ich ein einfacher Mensch bin, war meine erste Reaktion auf den Boden zu schauen, denn ich dachte, dass vielleicht etwas mit dem Boden passiert oder eine Bombe abgeworfen worden war. Ich hatte ja keine Ahnung. Von diesem Tag an wurde er zu einer Konstante in meinem Leben. Im Lauf des Jahres 1977 geschahen, gelinde gesagt, viele interessante Dinge. Meine beiden kleinen Kinder lernten Ramtha kennen und erlebten einige unglaubliche Phänomene, genauso wie mein Mann.

Später in diesem Jahr, nachdem er mich gelehrt und dabei einige Schwierigkeiten gehabt hatte, mir verständlich zu machen, was er ist, sagte er eines Tages zu mir: „Ich werde dir einen Boten senden, der dir eine Reihe von Büchern bringen wird. Lies sie, weil du dann wissen wirst, was ich bin.“ Diese Bücher hießen „Leben und Lehren der Meister im fernen Osten“ (Drei Eichen Verlag). Ich las sie und begann zu verstehen, dass Ramtha in gewisser Weise eines dieser Wesen war. Und damit kam ich aus der „bist-du-der-Teufel-oder-bist-du-Gott-Kategorie“ heraus, die mich damals plagte.

Als ich ihn schließlich verstand, verbrachte er lange, lange Augenblicke mit mir, kam mit seinen mehr als zwei Metern seines schönen Wesens in mein Wohnzimmer spaziert und machte es sich auf meinem Sofa bequem,. Er setzte sich hin und sprach mit mir und lehrte mich. Zu dieser Zeit erkannte ich nicht, dass er bereits alles wusste, was ich ihn fragen würde. Er wusste bereits, wie er mir antworten würde, aber ich wusste nicht, dass er es wusste.

Seit 1977 ging er geduldig in einer Weise mit mir um, dass er all meine Fragen zuließ, nicht über seine Echtheit, sondern Fragen über mich selbst als Gott. Er lehrte mich und fing mich auf, wenn ich mich in Dogma oder Begrenzungen verstrickte, fing mich gerade rechtzeitig auf, lehrte mich und geleitete mich hindurch. Und ich sagte immer: „Weißt du, du bist so geduldig. Ich finde es wundervoll, dass du so geduldig bist“. Und er lächelte nur und meinte, dass er 35.000 Jahre alt sei und was sonst könne man in einer derart langen Zeit tun? Erst vor ungefähr zehn Jahren wurde mir klar, dass er schon wusste, was ich ihn fragen würde und dass er darum so geduldig war. Als der grandiose Lehrer, der er ist, gab er mir die Gelegenheit, meine Themen in mir selbst anzugehen. Er hatte den Anstand, mit mir in einer Weise zu sprechen, die nicht überheblich war. Als wahrer Lehrer erlaubte er mir, selbst zu meinen Erkenntnissen zu gelangen.

Ramtha seit Ende 1979 zu channeln ist ein Erlebnis. Ram ist über zwei Meter groß und trägt zwei Gewänder, in denen ich ihn bisher immer gesehen habe. Obwohl es immer dieselben sind, sind sie doch so schön, dass man ihres Anblicks nie überdrüssig wird. Das innere Gewand ist schneeweiß und reicht bis ganz zum Boden hinunter, dorthin, wo ich annehme, dass sich seine Füße befinden. Darüber trägt er ein Gewand von wunderschönem Violett. Sie müssen verstehen, dass ich mir das Material dieser Gewänder wirklich angeschaut habe und es nicht wirklich materiell ist. Es ist eine Art Licht. Und obwohl dieses Licht in gewisser Weise transparent ist, versteht man doch, dass seine Kleidung auch real ist.

Ramthas Gesicht ist zimtfarben, so kann ich es am besten beschreiben. Seine Haut ist weder wirklich braun noch wirklich weiß noch wirklich rot, sondern eine Art Mischung aus allen dreien. Er hat ausgesprochen tiefschwarze Augen, die in einen hineinsehen können und man weiß, dass sie tief in einen hineinblicken. Er hat hohe Augenbrauen, die wie die Flügel eines Vogels aussehen. Er hat einen sehr eckigen Kiefer und einen schönen Mund, und wenn er lächelt, weiß man, dass man im Himmel ist. Er hat sehr lange Hände und lange Finger, mit denen er äußerst elegant seine Gedanken untermalt.

Nun stellen Sie sich vor, wie schwierig es für mich war - nachdem er mir beigebracht hatte, meinen Körper zu verlassen, indem er mich tatsächlich heraus zog, mich in einen Tunnel warf, wo ich auf die Lichtwand traf und zurückprallte, um dann festzustellen, dass meine Kinder schon wieder aus der Schule zurück waren und ich gerade mal das Frühstücksgeschirr gespült hatte – mich an die Zeitlücken auf dieser Ebene zu gewöhnen. Ich verstand nicht, was ich tat und wohin ich ging, also hatten wir viele Übungsstunden. Sie müssen verstehen, dass er das mit mir um zehn Uhr morgens machte, und wenn ich von der weißen Wand zurückkam, war es 16.30 Uhr. Ich hatte ein echtes Problem damit, mich auf die fehlende Zeit einzustellen. So verbrachten wir viel Zeit damit, dass Ramtha mir beibrachte, wie man dabei vorgeht und es machte Spaß, war ausgelassen und manchmal absolut Furcht einflößend. Sie können sich vorstellen, wie es ist, wenn er auf einen zuging, einen regelrecht aus seinem Körper herauszerrte, mit den Worten: „Nun, wie ist die Aussicht von dort?“, an die Decke warf und dann in einen Tunnel schleuderte – vielleicht lässt sich dieser am besten als Schwarzes Loch zur nächsten Ebene beschreiben – durch diesen Tunnel hindurch zu schießen, auf eine Wand aufzutreffen und Amnesie zu haben.

Er bereitete mich darauf vor, mir etwas beizubringen, wozu ich mich schon vor dieser Inkarnation bereit erklärt hatte. Meine Bestimmung in diesem Leben war nicht einfach nur zu heiraten, Kinder zu haben und es im Leben zu etwas zu bringen, sondern Widrigkeiten zu überwinden, um das zuvor Geplante geschehen zu lassen. Und dieses Geschehen schloss außerordentliches Bewusstsein mit ein, das er ist.

Meine Versuche, meinen Körper für Ramtha zu kleiden, waren ein Witz. Ich wusste nicht, was ich tun sollte. Bei der allerersten

Channeling-Sitzung trug ich hohe Absätze und einen Rock. Ich dachte, ich würde in die Kirche gehen. Sie können sich also vorstellen, falls Sie etwas Zeit haben, sich näher mit ihm zu befassen, wie er geschniegelt in einem Geschäftskostüm und hohen Absätzen aussehen würde, die er in seinem Leben niemals getragen hatte.

Es ist wirklich schwierig, mit Menschen zu sprechen und ihnen verständlich zu machen, dass ich nicht er bin, dass wir zwei verschiedene Wesen sind und dass Sie, wenn Sie mich in diesem Körper ansprechen, mit mir und nicht mit ihm sprechen. Manchmal war das in den letzten Jahren oder so in der Öffentlichkeit eine große Herausforderung für mich, weil die Menschen nicht verstehen, wie es möglich sein kann, dass ein menschliches Wesen mit göttlichem Mind ausgestattet und doch davon getrennt sein kann.

Ich wollte Sie wissen lassen, dass Sie zwar Ramtha hier draußen in meinem Körper sehen und es sich um meinen Körper handelt, er aber völlig anders aussieht. Seine Erscheinung in diesem Körper mindert nicht die Größe dessen, wer und was er ist. Sie sollten auch wissen, dass, wenn wir reden, wenn Sie anfangen, mir Fragen zu stellen über Dinge, die er gesagt hat, ich vielleicht keine Ahnung habe, wovon Sie sprechen, weil ich, wenn ich meinen Körper verlasse, in eine ganz andere Zeit und an einen anderen Ort gehe, an die ich keine bewusste Erinnerung habe. Und ganz gleich, wie viel Zeit er mit Ihnen verbringt, wird das für mich vielleicht fünf oder drei Minuten dauern. Und wenn ich in meinen Körper zurückkehre, ist diese ganze Zeit dieses ganzen Tages vergangen und ich war nicht daran beteiligt. Ich habe nicht gehört, was er zu Ihnen gesagt hat und ich weiß nicht, was er hier draußen getan hat. Wenn ich zurückkehre, ist mein Körper erschöpft. Manchmal habe ich Schwierigkeiten die Treppe hochzukommen, um mich umzuziehen und mich zurechtzumachen für das, was der Tag mir bringen wird oder was vom Tage übrig ist.

Er hat mir eine Menge wundervoller Dinge gezeigt, wovon ich annehme, dass Menschen, die sie nie zu sehen bekamen, sie sich nicht einmal in ihren wildesten Träumen vorstellen können. Ich habe das 23. Universum gesehen, ich habe außerordentliche Wesen getroffen und ich habe Leben beginnen und enden sehen. Ich habe in wenigen Augenblicken gesehen, wie Generationen geboren wurden, lebten und starben. Ich wurde mit historischen Ereignissen vertraut gemacht, was mir dabei half, besser zu verstehen, was ich wissen musste. Mir wurde erlaubt, neben meinem jeweiligen Körper in anderen Leben herzugehen, damit ich beobachten konnte, wer und was ich damals war. Ich durfte mir die andere Seite des Todes ansehen. Dies sind von mir hoch geschätzte Gelegenheiten und Privilegien, die zu genießen ich mir irgendwann in meinem Leben verdient habe.

Anderen Menschen davon zu erzählen ist auf gewisse Weise ernüchternd, weil es schwierig ist, diese Erfahrungen Menschen nahe zu bringen, die nie an diesen Orten waren. Als Erzählerin versuche ich mein Bestes, es ihnen zu vermitteln und doch will es mir nicht ganz gelingen.

Ich weiß auch, dass Ramtha aus diesem Grund auf diese ihm eigene Weise mit seinen Studenten arbeitet, weil er niemanden überschatten will. Mit anderen Worten, sein ganzes Bestreben konzentriert sich darauf, hierher zu kommen und Ihnen beizubringen, außergewöhnlich zu sein. Er ist es schon. Und es geht nicht darum, dass er Phänomene hervorbringt. Wenn er Ihnen sagt, dass er Ihnen Boten schicken wird, werden Sie diese auch bekommen, und zwar in heftigem Ausmaß. Es geht nicht darum, dass er Ihnen Tricks vorführt. Das entspricht nicht seinem Wesen. Solcherart sind die Hilfsmittel eines Avatars, der immer noch ein Guru ist und Anbetung braucht, und das ist bei Ramtha nicht der Fall.

Also wird Folgendes geschehen: Er wird Sie lehren, Sie fördern und es Ihnen ermöglichen, die Phänomene selbst zu erschaffen, und Sie werden es auch tun können. Und eines Tages, wenn Sie auf ein Stichwort hin manifestieren, Ihren Körper verlassen und lieben können, wenn es nach menschlichem Interesse eigentlich unmöglich wäre, das zu tun, wird er schnurstracks in Ihr Leben marschieren, weil Sie bereit sind, an dem teilzuhaben, was er ist. Er ist einfach das, was Sie auch einmal sein werden. Bis dahin ist er gewissenhaft, geduldig, allwissend mit einem übergreifenden Verständnis für alles, was wir wissen müssen, um zu lernen, das zu sein.

Und eines kann ich sagen, wenn Sie das, was Sie in seiner Präsentation gehört haben, interessiert und Sie anfangen, ihn lieb zu gewinnen, obwohl Sie ihn nicht sehen können, dann ist das ein gutes Zeichen, weil es bedeutet, dass das Wichtige in Ihnen Ihre Seele ist, die Sie dazu drängt, sich in diesem Leben zu entfalten. Und das mag zu einer Konfrontation mit Ihrem Neuronennetz führen. Ihre Persönlichkeit kann mit Ihnen diskutieren und debattieren, aber diese Art von Logik ist wirklich leicht zu durchschauen, wenn Ihre Seele Sie zu einer Erfahrung drängt.

Wenn Sie diesen Weg gehen wollen, werden Sie sich in Geduld und Fokus üben und das Werk tun müssen. Anfangs ist das Werk sehr schwierig, aber wenn Sie beharrlich genug sind und dabeibleiben, dann kann ich Ihnen sagen, dass dieser Lehrer eines Tages Ihr Inneres nach außen kehren wird. Eines Tages werden Sie in der Lage sein, all diese bemerkenswerten Dinge so zu vollbringen, wie die Meister, von denen Sie in Mythen und Legenden gehört haben. Sie werden dazu in der Lage sein, weil das die Reise ist. Und schließlich ist diese Fähigkeit die Realität, die einzig einem erwachenden Gott in menschlicher Form offen steht.

Nun, das ist meine Reise und mein ganzes Leben lang war es meine Reise. Wenn sie nicht wichtig gewesen und nicht das wäre, was sie ist – ich würde ganz sicher nicht den größten Teil meines Jahres in Vergessenheit verbringen, nur damit ein paar Menschen kommen und eine New Age-Erfahrung machen können. Es geht hier um etwas, das weit über eine New Age-Erfahrung hinausgeht. Ich sollte auch sagen, dass es viel wichtiger ist, als Meditations- oder Yoga-Fähigkeiten zu besitzen. Es geht um eine Bewusstseinsveränderung, die unser ganzes Leben an jedem Punkt durchzieht, und darum, uns geistig freizumachen und unbegrenzt zu werden, damit wir alles können, dessen wir fähig sind.

Noch etwas anderes, was ich gelernt habe, möchte ich Sie wissen lassen, nämlich dass wir nur dann etwas veranschaulichen können, wenn wir die Fähigkeit dazu besitzen. Man könnte sich fragen: „Nun gut, warum kann ich es nicht, was blockiert mich?". Unsere einzige Blockade ist unsere mangelnde Fähigkeit, uns hinzugeben, etwas zuzulassen und uns gegenüber unserem Neuronennetz des Zweifels zu behaupten. Wenn man selbst im Angesicht des Zweifels standhalten kann, wird man den Durchbruch schaffen, weil das die einzige Blockade ist, die uns im Weg steht. Und eines Tages werden Sie all diese Dinge tun und all die Dinge sehen können, die ich gesehen habe und sehen durfte.

Also, ich wollte nur hier herauskommen und Ihnen zeigen, dass ich existiere und liebe, was ich tue. Und ich hoffe, dass Sie von diesem Lehrer lernen, und wichtiger noch, dass Sie damit fortfahren werden.

JZ Knight

Ramthas Glossar

Affenverstand (*monkey-mind*): Affenverstand bezieht sich auf den flatterhaften Verstand der Persönlichkeit.

Analog: Analog zu sein heißt, im Jetzt zu leben. Dies ist der schöpferische Moment, der sich außerhalb von Zeit, Vergangenheit und Emotionen befindet.

Analoger Mind: Analoger Mind bedeutet **ein** Mind. Er ist das Ergebnis der Ausrichtung von primärem und sekundärem Bewusstsein, dem Beobachter und der Persönlichkeit. Das vierte, fünfte, sechste und siebte Siegel des Körpers sind in diesem Geisteszustand offen. Die Bänder drehen sich in entgegen gesetzter Richtung, wie ein Rad im Rad und erzeugen einen kraftvollen Wirbel, wodurch es den Gedanken, die im Stirnlappen festgehalten werden, möglich wird, sich zu verdichten und zu manifestieren.

Bänder, die: Die Bänder bestehen aus zwei Sets mit je sieben Frequenzen, die den menschlichen Körper umgeben und ihn zusammenzuhalten. Jede der sieben Frequenz-Schichten der beiden Bänder-Sets entspricht im menschlichen Körper einem der sieben Siegel der sieben Ebenen des Bewusstseins. Die Bänder sind das Aurafeld, das binären und analogen Mind möglich macht.

Beobachter: Bezieht sich auf den Beobachter der Quantenmechanik, der für den Kollaps von Welle/Partikel verantwortlich ist. Er stellt das wahre Selbst, den Geist, das primäre Bewusstsein dar, d.h. den Gott im Menschen.

Bewusstsein: Bewusstsein ist das Kind, das geboren wurde, als die Leere (*the Void*) sich selbst betrachtete. Es ist die Essenz und der Stoff, aus dem alles Sein besteht. Alles Existierende hat seinen Ursprung im Bewusstsein und wurde durch dessen Dienerin, die Energie nach außen manifestiert. „Bewusstseinsstrom" bezieht sich auf das Kontinuum von Gottes Mind.

Bewusstsein und Energie: Sie sind die dynamischen Schöpferkräfte und unauflöslich miteinander verbunden. Alles Existierende entsprang dem Bewusstsein und manifestierte sich durch die Modulation seiner energetischen Wirkung in der Materie.

Binärer Mind: Dieser Ausdruck meint „zwei Minds". Binärer Mind wird durch Zugriff auf das Wissen der Persönlichkeit und des menschlichen Körpers ohne die Einbeziehung des tiefen unterbewussten Minds erzeugt. Binärer Mind verlässt sich ausschließlich auf das Wissen, die Wahrnehmung und die Gedankenprozesse des Neokortex und der ersten drei Siegel. Das vierte, fünfte, sechste und siebte Siegel bleiben in diesem Geisteszustand geschlossen.

Blue Body® – Blauer Körper: Der Körper, der zur vierten Existenzebene, dem Brücken-Bewusstsein und dem ultravioletten Frequenzband gehört. Der Blue Body® ist Herr über den Lichtkörper und die physische Ebene.

Blue Body® Dance – Tanz des blauen Körpers: Eine Disziplin, die Ramtha lehrt. Der Schüler hebt sein bewusstes Gewahrsein auf das Bewusstsein der vierten Ebene an. Mit dieser Disziplin kann man Zugang zum Blue Body® gewinnen und das vierte Siegel öffnen.

Blue Body® Healing – Heilung mit dem blauen Körper: Eine Disziplin, die Ramtha lehrt. Der Schüler hebt sein bewusstes Gewahrsein auf das Bewusstsein der vierten Ebene und des Blue Body® an, um den physischen Körper zu heilen oder zu verändern.

Blaue Netze: Die blauen Netze stellen die Grundstruktur des physischen Körpers auf einer subtilen Ebene dar. Diese unsichtbare Skelettstruktur der physischen Realität schwingt im ultravioletten Frequenzbereich.

Bote: Zu Ramthas Lebzeiten hatten Boten die Aufgabe, bestimmte Nachrichten oder Informationen zu überbringen. Ein Meister-Lehrer hat die Fähigkeit, anderen Leuten Boten zu senden, die seine Worte oder seine Absicht in Form einer Erfahrung oder eines Ereignisses Wirklichkeit werden lassen.

Buch des Lebens: Ramtha bezeichnet die Seele als das Buch des Lebens, in dem die gesamte Reise der Involution und Evolution des Einzelnen in Form von Weisheit aufgezeichnet ist.

C&E® = R: Consciousness and Energy = Reality, Bewusstsein und Energie erschaffen die Beschaffenheit der Realität.

C&E®: Abkürzung für Consciousness & Energy^{SM}, (Bewusstsein & Energie) Markenzeichen der grundlegenden Disziplin in Ramthas Schule der Erleuchtung, die zum Manifestieren und zur Anhebung des Bewusstseins dient. Mit Hilfe dieser Disziplin lernt der Schüler, einen analogen Geisteszustand herbeizuführen, seine höheren Siegel zu öffnen und aus der Leere (*the Void*) Wirklichkeit zu erschaffen. Das Einführungsseminar für Anfänger wird „C&Eâ-Workshop für Anfänger" genannt. In diesen Workshops lernen die Schüler die grundlegenden Konzepte und Disziplinen von Ramthas Lehren kennen. Die Lehrinhalte eines C&Eâ-Workshops für Anfänger sind zu finden in *Ramtha: Das Erschaffen von Realität*, *Ein Leitfaden für Anfänger* (Horamus Publishing, Inc. 1997); oder im englischen Original: *Ramtha: A Beginner's Guide to Creating Reality*, Third Edition (Yelm: JZK Publishing, a division of JZK, Inc., 2004)

Christ walk – Christus-Gang: Der Christus-Gang ist eine von Ramtha entworfene Disziplin, in der der Schüler sehr langsam und absolut bewusst gehen lernt. Die Schüler lernen in dieser Disziplin, mit jedem Schritt den Mind eines Christus zu manifestieren.

Create Your DaySM **– den Tag erschaffen.** Dies ist die Dienstleistungsmarke einer von Ramtha entwickelten Technik, mit der Bewusstsein und Energie nach oben bewegt werden und am Morgen, vor Beginn des Tages, absichtsvoll ein konstruktiver Plan für die Erfahrungen der Ereignisse des Tages angelegt wird. Diese Technik wird ausschließlich an Ramthas Schule der Erleuchtung gelehrt.

Disziplinen des Großen Werks: Ramthas Schule der Alten Weisheit ist dem Großen Werk gewidmet. Alle Disziplinen des Großen Werks in Ramthas Schule der Erleuchtung wurden ausschließlich von Ramtha entworfen. Diese Übungen sind wirkungsvolle Einweihungen, durch die der Schüler die Gelegenheit erhält, die Lehren Ramthas aus erster Hand anzuwenden und zu erfahren.

Dritte Ebene: Dies ist die Ebene des bewussten Gewahrseins und des sichtbaren Licht-Spektrums. Sie ist auch als Lichtebene oder mentale Ebene bekannt. Wenn die Energie der Blauen Ebene auf diesen Frequenzbereich herabgesenkt wird, spaltet sie sich in positive und negative Polarität. An diesem Punkt teilt sich die Seele in zwei Hälften; so entsteht das Phänomen der Seelengefährten.

Drittes Siegel: Dieses Siegel ist das Energiezentrum des bewussten Gewahrseins und des sichtbaren Licht-Spektrums. Es steht in

Verbindung mit Kontrolle, Tyrannei, Opfersein und Macht. Es befindet sich im Bereich des Solarplexus.

Ebene der Glückseligkeit: Die Ebene des Ausruhens, auf der die Seelen die Gelegenheit haben, nach ihrer Lebensrückschau ihre nächste Inkarnation zu planen. Sie ist auch als Himmel und Paradies bekannt, wo es weder Leid, noch Schmerz, Not oder Mangel gibt und wo sich jeder Wunsch sofort manifestiert.

Ebene der Veranschaulichung: Die physische Ebene wird auch die Ebene der Veranschaulichung genannt. Auf dieser Ebene hat der Mensch Gelegenheit, sein schöpferisches Potenzial in der Materie zu demonstrieren und Bewusstsein in materieller Form zu erleben, und somit sein emotionales Verstehen zu erweitern.

Emotionalkörper: Der Emotionalkörper ist die Ansammlung vergangener Emotionen, Einstellungen und elektrochemischer Muster, die die menschliche Persönlichkeit des Einzelnen definieren. Ramtha bezeichnet ihn als die Versuchung der Unerleuchteten. Aufgrund unseres Emotionalkörpers reinkarnieren wir uns immer wieder.

Emotionen: Eine Emotion ist der physische biochemische Effekt einer Erfahrung. Emotionen gehören der Vergangenheit an, denn sie sind der Ausdruck von Erfahrungen, die bereits bekannt und in den neurosynaptischen Signalwegen des Gehirns festgelegt sind.

Energie: Energie ist das Gegenstück zu Bewusstsein. Alles Bewusstsein bringt eine dynamische Energiewirkung, Ausstrahlung oder einen natürlichen Ausdruck seiner selbst mit sich. Genauso wie alle Formen von Energie ein Bewusstsein mit sich bringen, das sie definiert.

Erleuchtung: Erleuchtung ist die volle Verwirklichung des Menschen, die Erlangung von Unsterblichkeit und unbegrenztem Mind. Sie ist erreicht, wenn die Kundalini-Energie, die an der Basis der Wirbelsäule sitzt, nach oben zum siebten Siegel steigt, das seinerseits die brachliegenden Teile des Gehirns öffnet. Wenn die Energie in das Mittelhirn und das Kleinhirn vordringt und der unterbewusste Mind geöffnet wird, erlebt der Mensch einen blendenden Lichtblitz, den man Erleuchtung nennt.

Erste Ebene: Bezieht sich auf die materielle oder physische Ebene. Sie ist die Ebene des Image-Bewusstseins und der Hertz-Frequenz. Sie ist die niedrigste und dichteste Form von verfestigtem Bewusstsein und Energie.

Erste drei Siegel: Die ersten drei Siegel sind die Siegel von Sexualität, Überleben, Schmerz und Leiden, Opfersein und Tyrannei. Diese Siegel kommen im Allgemeinen in allen Verwicklungen des menschlichen Dramas zum Tragen.

Erstes Siegel: Das erste Siegel steht mit den Fortpflanzungsorganen, Sexualität und dem Überlebenstrieb in Verbindung.

Evolution: Evolution ist die Reise zurück nach Hause, von den niedrigsten Frequenzebenen und der Materie zu den höchsten Frequenzebenen und zum Punkt Null.

Fieldwork^SM^(Feldarbeit): Feldarbeit ist eine der grundlegenden Disziplinen, die in Ramthas Schule der Erleuchtung gelehrt werden. Die Schüler denken sich ein Symbol aus für etwas, das sie bekannt machen oder erfahren wollen und malen es auf eine Karte. Diese Karten werden mit der unbeschriebenen Seite nach außen an die Querlatten eines Zaunes, der ein großes Feld umgibt, gehängt. Die Schüler setzen sich Augenbinden auf und fokussieren auf ihr Symbol, während sie ihren Körper frei im Feld herum gehen lassen. Durch die Anwendung des Gesetzes von Bewusstsein und Energie und des analogen Minds gehen sic direkt zu ihrer Karte.

Fünfte Ebene: Die fünfte Existenzebene ist die Ebene des Super-Bewusstseins und der Röntgen-Frequenz. Sie ist auch als Goldene Ebene oder Paradies bekannt.

Fünftes Siegel: Das fünfte Siegel ist das Zentrum unseres spirituellen Körpers, das uns mit der fünften Ebene verbindet. Dieses Siegel steht mit der Schilddrüse in Verbindung und steht für das Aussprechen und Leben der Wahrheit ohne Dualismus.

Gedanke: Gedanke ist etwas anderes als Bewusstsein. Das Gehirn verarbeitet einen Bewusstseinsstrom, indem es ihn in Abschnitte zerlegt — holografische Bilder von neurologischen, elektrischen und chemischen Abdrücken, die man Gedanken nennt. Gedanken sind die Bausteine des Minds.

Gelbes Gehirn: Gelbes Gehirn ist Ramthas Name für den Neokortex, den Sitz des analytischen und emotionalen Denkens. Es wird aus dem Grund gelbes Gehirn genannt, weil die beiden Hälften des

Neokortex in der ursprünglichen zweidimensionalen, karikaturartigen Zeichnung, die Ramtha für seinen Unterricht über die Funktion des Gehirns verwendete, gelb ausgemalt war. Er erklärte dazu, dass die verschiedenen Aspekte des Gehirns in diesem bestimmten Bild übertrieben und farbig hervorgehoben wurden, um das Studium und das Verstehen zu erleichtern. Diese spezielle Zeichnung wurde als Anschauungsmaterial in allen folgenden Unterrichtsstunden über das Gehirn verwendet.

Gesellschaftliches Bewusstsein: Das Bewusstsein der zweiten Ebene und des infraroten Frequenzbandes. Es wird auch das Image der menschlichen Persönlichkeit und der Mind der ersten drei Siegel genannt. Das Gesellschafts-Bewusstsein bezieht sich auf das kollektive Bewusstsein der menschlichen Gesellschaft. Es ist die Ansammlung von Gedanken, Vermutungen, Urteilen, Vorurteilen, Gesetzen, Moralvorstellungen, Werten, Einstellungen, Idealen und Emotionen der Bruderschaft der menschlichen Rasse.

Goldener Körper: Der Körper, der zur fünften Ebene, zum Super-Bewusstsein und der Röntgen-Frequenz gehört.

Götter: Technologisch weit fortgeschrittene Wesen von anderen Sternensystemen, die vor 455 000 Jahren auf die Erde kamen. Diese Götter veränderten die Gene der menschlichen Rasse, indem sie die menschliche DNA mit ihrer eigenen vermischten und modifizierten. Sie sind für die Entwicklung des Neokortex verantwortlich und benutzten die menschliche Rasse als fügsame Arbeitskräfte. Beweise für diese Vorgänge finden sich in sumerischen Tafeln und Artefakten. Der Begriff Götter wird auch zur Beschreibung der wahren Identität der Menschheit, die „vergessenen Götter", verwendet.

Gott: Ramthas Lehren sind die Erläuterung des Satzes: „Du bist Gott." Er beschreibt die Menschheit als die vergessenen Götter: von Natur aus göttliche Wesen, die ihr Erbe und ihre wahre Identität vergessen haben. Genau diese Aussage gibt Ramthas herausfordernde Botschaft an unser modernes Zeitalter wieder, einem Zeitalter voll religiösem Aberglauben und voller Missverständnisse, wenn es um das Göttliche und das wahre Wissen der Weisheit geht.

Gott in uns: Er ist der Beobachter, das wahre Selbst, das primäre Bewusstsein, der Geist, der Gott im Menschen.

Gott/Frau: Die volle Verwirklichung eines Menschen.

Gott/Mann: Die volle Verwirklichung eines Menschen.

Grid^{SM}, The – das Gitter. Dies ist die Dienstleistungsmarke einer von Ramtha entwickelten Technik, mit der Bewusstsein und Energie nach oben bewegt werden und das Nullpunkt-Energiefeld durch mentale Visualisierung absichtsvoll angezapft und das Gewebe der Wirklichkeit zugänglich gemacht wird. Diese Technik wird ausschließlich an Ramthas Schule der Erleuchtung gelehrt.

Große Werk, das: Das Große Werk ist die praktische Anwendung der Lehren der Schulen der Alten Weisheit. Damit sind die Disziplinen gemeint, durch die der Mensch erleuchtet und zu einem unsterblichen göttlichen Wesen wird.

Hertz-Ebene: siehe **erste Ebene**.

Hierophant: Ein Hierophant ist ein Meister-Lehrer, der im Stande ist, was er lehrt auch selbst zu manifestieren und seine Schüler in dieses Wissen einzuweihen.

Hyper-Bewusstsein: Das Bewusstsein der sechsten Ebene und der Gammastrahlen-Frequenz.

Involution: Involution ist die Reise vom Punkt Null und der siebten Ebene zu den langsamsten und dichtesten Frequenzebenen und in die Masse.

Jeschua ben Joseph: Jesus Christus wird von Ramtha, entsprechend der jüdischen Tradition der damaligen Zeit, Jeschua ben Joseph genannt.

JZ Knight: JZ Knight wurde als einzige Person von Ramtha als sein Channel auserwählt. Ramtha spricht von JZ als seiner geliebten Tochter. Zu Ramthas Lebzeiten war sie Ramaya, die älteste der ihm anvertrauten Kinder.

Karbuli: Ramthas Bezeichnung für die Kohlenstoffröhrchen, die Mikrotubuli oder das Skelett der Zelle.

Körper-Mind-Bewusstsein: Körper-Mind-Bewusstsein ist das Bewusstsein, das zur physischen Ebene und zum menschlichen Körper gehört.

Kundalini: Kundalini-Energie ist die Lebenskraft eines Menschen. Während der Pubertät sinkt sie von den höheren Siegeln zum unteren Ende der Wirbelsäule hinab. Sie ist ein gewaltiges Energiereservoir, das für die menschliche Evolution vorgesehen ist. Im Allgemeinen wird sie als am unteren Ende der Wirbelsäule zusammengerollte Schlange dargestellt. Diese Energie unterscheidet sich von der Energie, die aus den ersten drei Siegeln kommt und für Sexualität, Schmerz und Leid, Macht und Opfersein verantwortlich ist. Sie wird im Allgemeinen als die schlafende Schlange oder der schlafende Drache beschrieben. Das Aufsteigen der Kundalini-Energie zur Krone des Kopfes wird die Reise der Erleuchtung genannt. Diese Reise findet statt, wenn die Schlange erwacht, sich spaltet und um die Wirbelsäule herumtanzt. Damit ionisiert sie die Rückenmarksflüssigkeit und verändert deren Molekularstruktur, wodurch sich dann das Mittelhirn und die Tür zum Unterbewusstsein öffnen.

Lebenskraft: Die Lebenskraft ist Vater/Mutter, der Geist, der Lebensatem im Menschen. Sie ist die Plattform, von der aus der Mensch seine Illusionen, Fantasievorstellungen und Träume erschafft.

Lebensrückschau: Die Rückschau auf das soeben vergangene Leben. Sie findet statt, wenn der Mensch nach seinem Tod die dritte Ebene erreicht. Der Mensch erhält die Gelegenheit, der Beobachter, der Agierende und der Empfänger seiner eigenen Taten zu sein. Die unerledigten Angelegenheiten dieser Lebenszeit, die in der Lebensrückschau zum Vorschein kommen, bestimmen den Plan für die nächste Inkarnation.

Leere, die (*the Void*): Die Leere wird definiert als ein unermessliches Nichts materiell, jedoch alle Dinge potenziell.

Licht, das: Das Licht bezieht sich auf die dritte Existenzebene.

Lichtkörper: Der Lichtkörper ist das gleiche wie der strahlende Körper. Er ist der Körper, der zur dritten Ebene des bewussten Gewahrseins und des sichtbaren Licht-Frequenzbandes gehört.

Liste, die: Die Liste ist eine von Ramtha gelehrte Disziplin, in der der Schüler eine Liste von Punkten erstellt, die er kennen lernen oder erfahren will. Er lernt dann, darauf in einem analogen Bewusstseinszustand zu fokussieren. Die Liste ist die Vorlage, derzufolge das Neuronennetz der Person gestaltet, verändert und umprogrammiert wird. Mit diesem Hilfsmittel kann die Person bedeutende und anhaltende Veränderungen in sich selbst und in ihrer Wirklichkeit herbeiführen.

Menschen, Orte, Dinge, Zeiten und Ereignisse: Dies sind die Hauptbereiche menschlicher Erfahrung, denen die Persönlichkeit emotional verhaftet ist. Diese Bereiche stellen die Vergangenheit des Menschen dar und machen den Inhalt des Emotionalkörpers aus.

Mind: Mind ist das Produkt von Strömen von Bewusstsein und Energie, die auf das Gehirn einwirken und Gedankenformen, holografische Ausschnitte oder neurosynaptische Muster erschaffen, die man Gedächtnis nennt. Die Ströme von Bewusstsein und Energie erhalten das Gehirn am Leben. Sie sind seine Kraftquelle. Die Fähigkeit eines Menschen zu denken gibt ihm seinen „Mind".

Mind Gottes: Gottes Mind beinhaltet den Mind und die Weisheit aller Lebensformen, die je in irgendeiner Dimension, in irgendeiner Zeit und auf irgendeinem Planeten oder Stern gelebt haben, leben oder leben werden.

Multidimensionaler Mind (*dimensional mind*): Der Mind eines Meisters, der nicht mehr länger nur im Rahmen von linearer Zeit oder einer einzigen Raum-Zeit-Dimension denkt. Ein multidimensionaler Mind kann alle Potenziale gleichzeitig sehen.

Mutter-Vater-Prinzip: die Urquelle allen Lebens, der Vater, die ewige Mutter, die Leere. In Ramthas Lehren sind die Urquelle und der Schöpfer Gott nicht dasselbe. Gott, der Schöpfer wird als Punkt Null oder Primäres Bewusstsein gesehen und nicht als die Urquelle, die Leere.

Namensfeld: Namensfeld wird das große Feld genannt, auf dem die Disziplin Feldarbeit (*Fieldwork*SM) geübt wird.

Neighborhood WalkSM **– Nachbarschafts-Gang.** Diese Dienstleistungsmarke ist eine von JZ Knight entwickelte Technik, mit der Bewusstsein und Energie nach oben bewegt und absichtsvoll unsere Neuronennetze und nicht länger erwünschte, fest angelegte Denkmuster abgewandelt und mit neuen Vernetzungen und Mustern unserer Wahl ersetzt werden. Diese Technik wird ausschließlich an Ramthas Schule der Erleuchtung gelehrt.

Neuronennetz. Eine Verkürzung des Begriffs „neuronales Netzwerk“, einem Netzwerk von Neuronen, die gemeinsam eine Funktion erfüllen.

Obere vier Siegel: Die oberen vier Siegel sind das vierte, fünfte, sechste und siebte Siegel.

Persönlichkeit, die: *Siehe* **Emotionalkörper**.

Primäres Bewusstsein: Das Primäre Bewusstsein ist der Beobachter, das große Selbst, der Gott im Menschen.

Punkt Null: Bezieht sich auf den ursprünglichen Punkt der Bewusstheit, den die Leere geschaffen hat, indem sie sich selbst betrachtete. Punkt Null ist das ursprüngliche Kind der Leere.

Ram: Ram ist eine Kurzversion des Namens Ramtha. Ramtha bedeutet Vater.

Ramaya: Ramtha nennt JZ Knight seine geliebte Tochter. Sie war Ramaya, das erste von Ramthas Adoptivkindern, die er während seines Lebens hatte. Ramtha fand Ramaya verlassen in den Steppen Russlands. Während des Marsches übergaben viele Eltern Ramtha ihre Kinder als Ausdruck ihrer Liebe und höchsten Respekts. Diese Kinder sollten im Haus des Ram aufwachsen. Die Zahl seiner Kinder wuchs auf 133 an, obwohl er selbst nie eigene Nachkommen hatte.

Ramtha (Ethymologie): Der Name Ramtha der Erleuchtete, Herr des Windes, bedeutet Vater. Er bezieht sich auch auf den Ram, der am „schrecklichen Tag des Ram“ vom Berg herabkam. „Im gesamten Altertum ging es darum. Und im alten Ägypten gab es eine dem großen Eroberer Ram gewidmete Allee. Die alten Ägypter waren weise genug, zu verstehen, dass diejenigen, die die Straße des Ram entlang gehen konnten, den Wind erobern konnten.“ Das Wort Aram, der Name von Noahs Enkel, setzt sich aus dem aramäischen Wort *Araa* — das Erde, Landmasse bedeutet — und dem Wort *Ramtha*, das *hoch* bedeutet, zusammen. In diesem semitischen Namen klingt Ramthas Abstieg von dem hohen Berg an, mit dem der große Marsch begann.

Seele: Ramtha bezeichnet die Seele als Buch des Lebens, in dem die ganze Reise der Involution und Evolution des Einzelnen in Form von Weisheit aufgezeichnet ist.

Sekundäres Bewusstsein: Als Punkt Null den Akt der Selbstbetrachtung der Leere nachahmte, erschuf er dabei ein Spiegelbild seiner selbst, einen Bezugspunkt, der die Erforschung der Leere möglich machte. Dieses Spiegelbild wird als Spiegelbewusstsein oder Sekundäres Bewusstsein bezeichnet. *Siehe* **Selbst**.

Selbst, das: Das Selbst ist die wahre Identität des Menschen, die etwas anderes als die Persönlichkeit ist. Es ist der transzendente Aspekt des Menschen. Es bezieht sich auf das Sekundäre Bewusstsein, den Reisenden, der auf seiner Reise der Involution und der Evolution das Unbekannte bekannt macht.

Sechste Ebene: Die sechste Ebene ist das Reich des Hyper-Bewusstseins und des Gammastrahlen-Frequenzbandes. Auf dieser Ebene wird das Einssein mit allem Leben bewusst erfahren.

Sechstes Siegel: Dieses Siegel steht mit der Zirbeldrüse und dem Gammastrahlen-Frequenzband in Verbindung. Die Formatio reticularis, die das Wissen des unterbewussten Minds filtert und verhüllt, ist offen, wenn dieses Siegel aktiviert ist. Mit dem Öffnen des Gehirns ist das Öffnen dieses Siegels und die Aktivierung seines Bewusstseins und seiner Energie gemeint.

Senden-und-Empfangen: Senden-und-Empfangen ist der Name einer Disziplin, die Ramtha lehrt. Der Schüler lernt dabei, Zugang zu Informationen zu erhalten, indem er die Fähigkeiten des Mittelhirns nutzt, ohne die sinnliche Wahrnehmung einzusetzen. Diese Disziplin entwickelt die übersinnlichen Fähigkeiten des Schülers, Telepathie und das Vorhersehen zukünftiger Ereignisse.

Shiva: Der Herr und Gott Shiva repräsentiert den Herrn der Blauen Ebene und des Blue Body® (blauen Körpers). Der Name Shiva bezieht sich nicht auf eine einzelne Gottheit im Hinduismus, sondern auf den Bewusstseinszustand der vierten Ebene und des ultravioletten Frequenzbandes sowie auf das Öffnen des vierten Siegels. Shiva ist weder männlich noch weiblich. Er ist ein androgynes Wesen, denn die Energie auf der vierten Ebene ist noch nicht in positive oder negative Polarität aufgespaltet. Hierin liegt ein wesentlicher Unterschied zur traditionellen Darstellung von Shiva im Hinduismus, wo er als männliche Gottheit mit einer Ehefrau dargestellt wird. Das Tigerfell zu seinen Füßen, der Dreizack und Sonne und Mond in Kopfhöhe stellen die Meisterschaft dieses Körpers über die ersten drei Bewusstseinssiegel dar. Die Kundalini-Energie wird als feurige

Energie dargestellt, die von der Basis der Wirbelsäule durch den Kopf schießt. Dies ist ein weiterer Unterschied zu einigen hinduistischen Shiva-Darstellungen, in denen die Schlangenenergie aus der Höhe des fünften Siegels oder der Kehle austritt. Weitere Symbole in Shivas Portrait sind die langen dunklen Haarsträhnen und eine Vielzahl von Perlenketten. Sie stehen für einen Reichtum an Erfahrungen, die zu Weisheit wurden. Mit Köcher, Pfeil und Bogen feuert Shiva seinen machtvollen Willen ab, womit er Unvollkommenes zerstört und Neues erschafft.

Sieben Siegel: Die sieben Siegel sind machtvolle Energiezentren, die sieben Bewusstseinsstufen im menschlichen Körper darstellen. Mit Hilfe der Bänder wird der physische Körper in Übereinstimmung mit diesen Siegeln zusammengehalten. Bei jedem Menschen fließt Energie spiralförmig aus den ersten drei Siegeln oder Zentren heraus. Die pulsierende Energie aus den ersten drei Siegeln manifestiert sich jeweils als Sexualität, Pein oder Macht. Wenn die oberen Siegel sich öffnen, wird eine höhere Bewusstheitsstufe aktiviert.

Siebte Ebene: Die siebte Ebene ist die Ebene des Ultra-Bewusstseins und des Frequenzbandes des „Unendlichen Unbekannten". Von dieser Ebene aus wurde die Reise der Involution angetreten. Diese Ebene wurde vom Punkt Null erschaffen, als er den Akt der Kontemplation der Leere nachahmte und so das Spiegel- oder sekundäre Bewusstsein erschuf. Eine Existenzebene oder Raum- und Zeitdimension existiert zwischen zwei Bewusstseinspunkten. All die anderen Ebenen wurden durch Verlangsamung der Zeit und des Frequenzbandes der siebten Ebene erschaffen.

Siebtes Siegel: Dieses Siegel steht in Verbindung mit dem Scheitelpunkt des Kopfes, der Hypophyse und dem Erlangen von Erleuchtung.

Spiegelbewusstsein: Als Punkt Null den Akt der Selbstbetrachtung der Leere nachahmte, erschuf er dabei ein Spiegelbild seiner selbst, einen Bezugspunkt, der die Erforschung der Leere möglich machte. Dieses Spiegelbild wird als Spiegelbewusstsein oder Sekundäres Bewusstsein bezeichnet. *Siehe* **Selbst**.

Super-Bewusstsein: Das Bewusstsein der fünften Ebene und des Röntgenstrahlen-Frequenzbandes.

Tahumo: Tahumo ist eine Disziplin, die Ramtha lehrt, in welcher der Schüler lernt, die Einwirkungen seines natürlichen Umfelds — Hitze und Kälte — auf seinen Körper zu meistern.

Tank®, der: Der Name für das Labyrinth, das ein Teil der Disziplinen von Ramthas Schule der Erleuchtung ist. Die Schüler lernen, mit verbundenen Augen den Eingang zu diesem Labyrinth zu finden und hindurchzugehen, während sie auf die Leere (*the Void*) fokussieren. Sie dürfen die Wände nicht berühren und weder ihre Augen noch ihre anderen Sinne benutzen. Das Ziel dieser Disziplin ist es, mit verbundenen Augen das Zentrum des Labyrinths zu finden oder einen bestimmten Raum, der die Leere darstellt.

Tankfeld: Der Name des großen Feldes, auf dem das Labyrinth steht, das für die Disziplin des Tanks® verwendet wird.

Torsion Process℠ – Torsionsfeldübung. Dies ist die Dienstleistungsmarke einer von Ramtha entwickelten Technik, mit der Bewusstsein und Energie nach oben bewegt werden und durch den Mind ein Torsionsfeld erzeugt wird. Mit dieser Technik lernen die Schüler ein Wurmloch in Raum-Zeit zu erzeugen, die Realität zu ändern und dimensionale Phänomene hervorzubringen, wie Unsichtbarwerden, Biolokation, Teleportation und andere. Diese Technik wird ausschließlich an Ramthas Schule der Erleuchtung gelehrt.

Twilight®: Dieser Begriff bezeichnet eine Disziplin, die Ramtha lehrt. Die Schüler lernen dabei, ihren Körper in einen bewegungslosen Zustand zu versetzen, der tiefem Schlaf ähnelt und dennoch ihre Bewusstheit aufrecht zu erhalten.

Twilight®Visualisierungs-Prozess: Der Prozess, mit dem die Disziplin der Liste oder andere Visualisierungen geübt werden.

Ultra-Bewusstsein: Das Bewusstsein der siebten Ebene und des Frequenzbandes des Unbegrenzten Unbekannten. Es ist das Bewusstsein eines aufgestiegenen Meisters.

Das Unbekannte bekannt machen: Dieser Ausdruck bezeichnet den ursprünglichen göttlichen Auftrag, den das Ursprungsbewusstsein erhielt: zu manifestieren und all die unendlichen Potenziale der Leere zur Bewusstheit zu bringen. Dieser Satz stellt die zugrunde liegende Absicht dar, die den dynamischen Evolutionsprozess anfacht.

Unbekannter Gott: Der Unbekannte Gott war der einzige Gott von Ramthas Vorfahren, den Lemuriern. Der Unbekannte Gott repräsentiert auch die vergessene Göttlichkeit und göttliche Herkunft des Menschen.

Unendliches Unbekanntes: Das Frequenzband der siebten Existenzebene und des Ultra-Bewusstseins.

Ungeheuerlich (*outrageous*): Ramtha verwendet dieses Wort im positiven Sinn, um etwas oder jemanden zu charakterisieren, der außergewöhnlich und rar ist, ungehemmt in seinen Taten und über die Maßen kühn oder wild.

Unterbewusstsein (*subconscious mind*): Der Sitz des Unterbewusstseins, des unterbewussten Minds, ist das Kleinhirn oder Reptiliengehirn. Dieser Teil des Gehirns hat seine eigenen, unabhängigen Verbindungen zum Stirnlappen und zum ganzen Körper und hat Zugang zum Mind Gottes, der Weisheit aller Zeiten.

Vierte Ebene: Die vierte Existenzebene ist der Bereich des Brücken-Bewusstseins und der ultravioletter Frequenz. Diese Ebene wird auch als die Ebene Shivas bezeichnet, des Zerstörers des Alten und Schöpfers des Neuen. Auf dieser Ebene hat sich die Energie noch nicht in positive und negative Ladung gespalten. Alle andauernden Veränderungen oder Heilungen des physischen Körpers müssen zuerst auf der vierten Ebene und im Blue Body® (blauen Körper) stattfinden. Diese Ebene nennt man auch blaue Ebene oder die Ebene Shivas.

Viertes Siegel: Das vierte Siegel steht mit bedingungsloser Liebe und der Thymus-Drüse in Verbindung. Wenn dieses Siegel aktiviert ist, wird ein Hormon im Körper ausgeschüttet, das den Körper bei perfekter Gesundheit hält und den Alterungsprozess stoppt.

Zweite Ebene: Die Existenzebene des Gesellschaftsbewusstseins und des infraroten Frequenzbandes. Sie steht in Verbindung mit Schmerz und Leiden. In der Polarität ist diese Ebene der negative Pol zur dritten Ebene, der Ebene der sichtbaren Licht-Frequenz.

Zweites Siegel: Dieses Siegel ist das Energiezentrum des Gesellschaftsbewusstseins und des infraroten Frequenzbandes. Es steht in Verbindung mit Leid und Schmerz und ist in der Unterleibsgegend angesiedelt.

Abb. A: Die sieben Siegel: Sieben Bewusstseinsebenen im menschlichen Körper

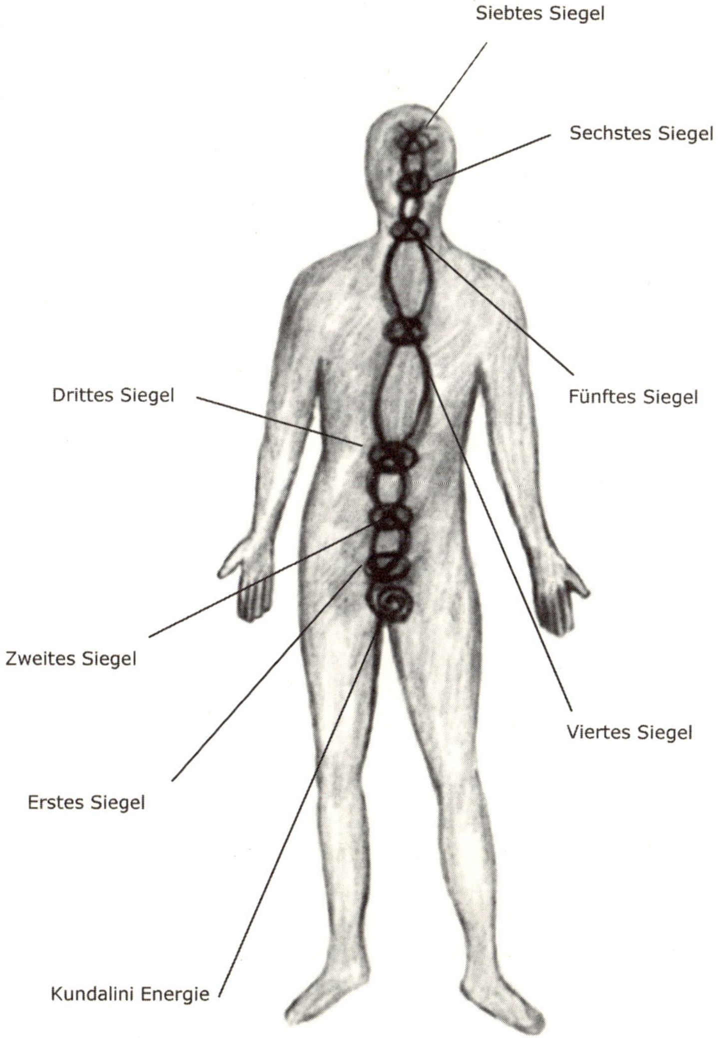

Abb. B: Sieben Bewusstseins- und Energieebenen

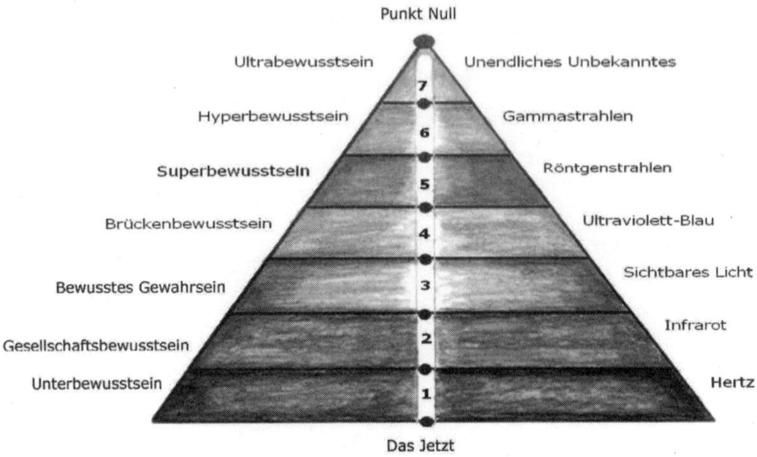

ABB. C: SIEBEN KÖRPER INEINANDER

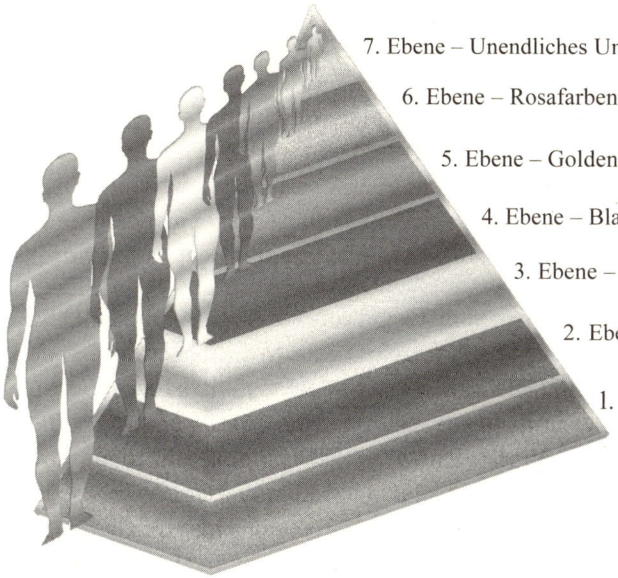

Abb. C: Das Gehirn

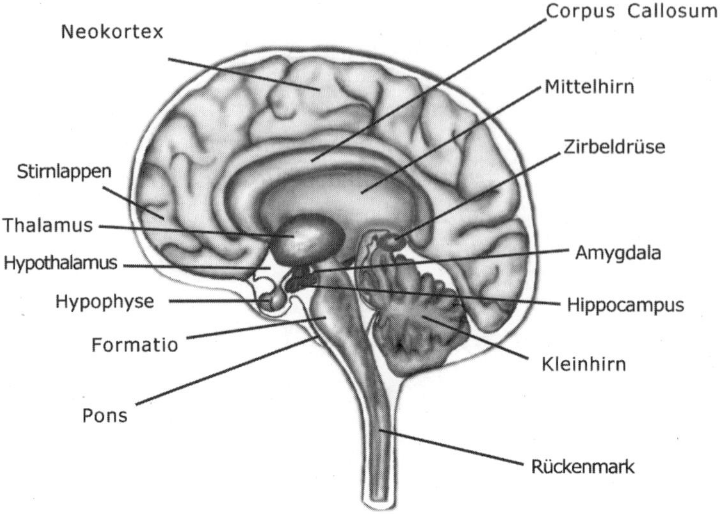

Das ist die ursprüngliche, karikaturähnliche Zeichnung, die Ramtha für seine Lehre über die Funktion des Gehirns und seiner Prozesse verwendet hat. Er erklärt, dass die unterschiedlichen Aspekte des Gehirns in dieser bestimmten Zeichnung für den Zweck des Studiums und Verständnisses übertrieben dargestellt und farblich unterstrichen sind. Diese spezielle Zeichnung wurde zum Standardwerkzeug in allen folgenden Lehren über das Gehirn.

ABB. D: BINÄRER MIND – LEBEN IM IMAGE

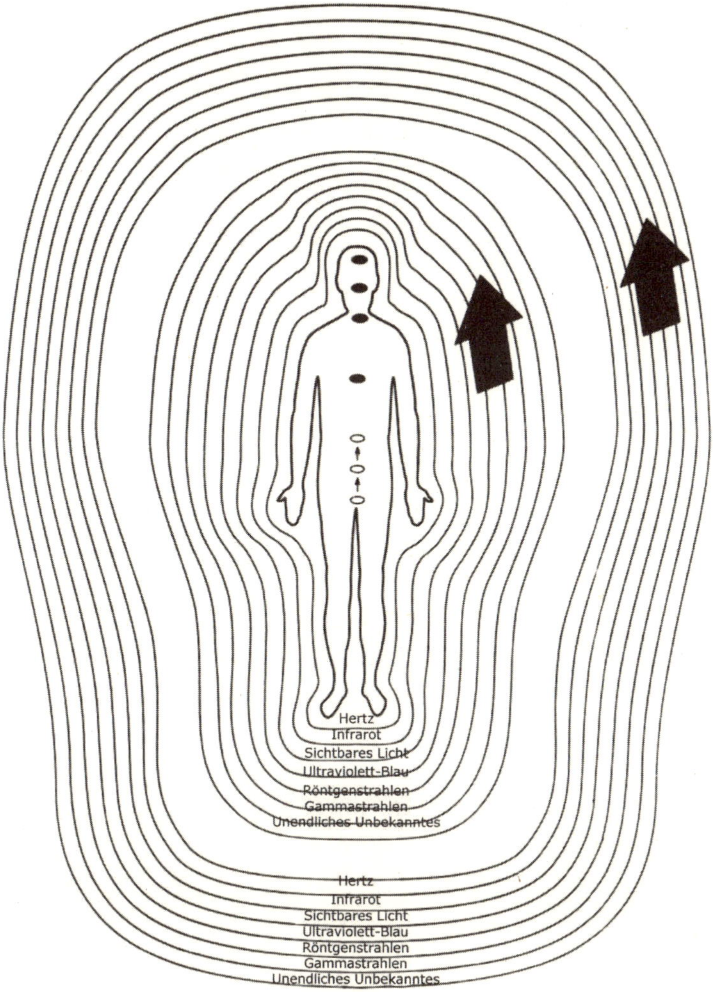

ABB. E: ANALOGER MIND – LEBEN IM JETZT

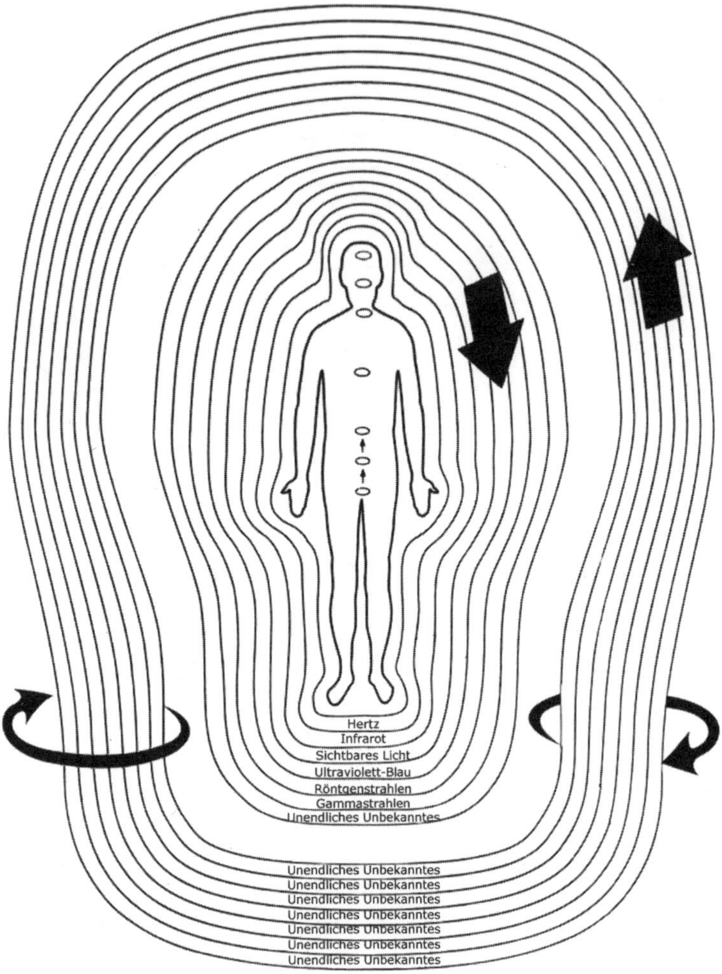

ABB. H: DER BEOBACHTER LÄSST ENERGIE IN EINE PARTIKELREALITÄT KOLLABIEREN

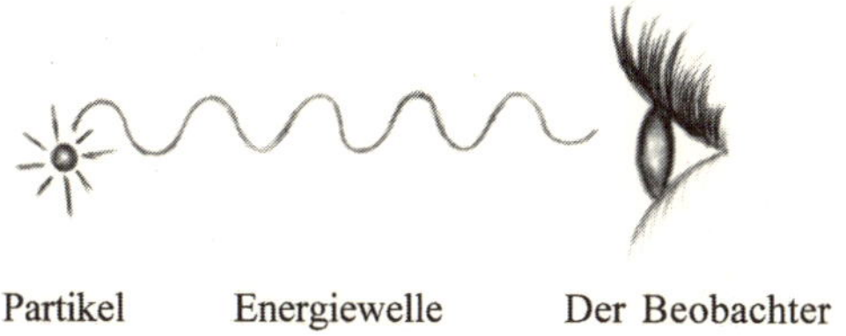

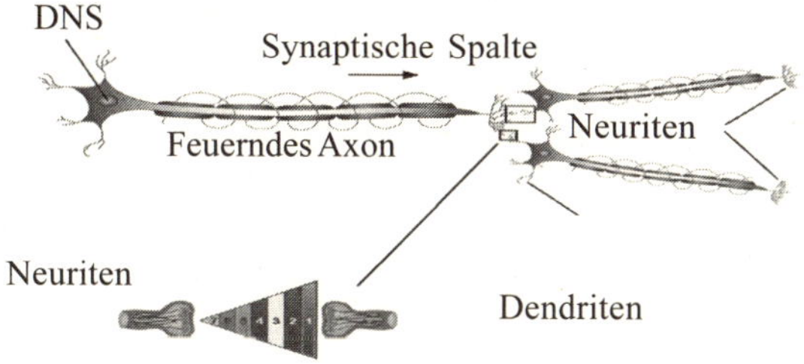

Feuern auf unterschiedlichen Ebenen des Quantenpotenzials, das Gedanken erzeugt.

ABB. I: ZELLBIOLOGIE UND DIE GEDANKENVERBINDUNG:

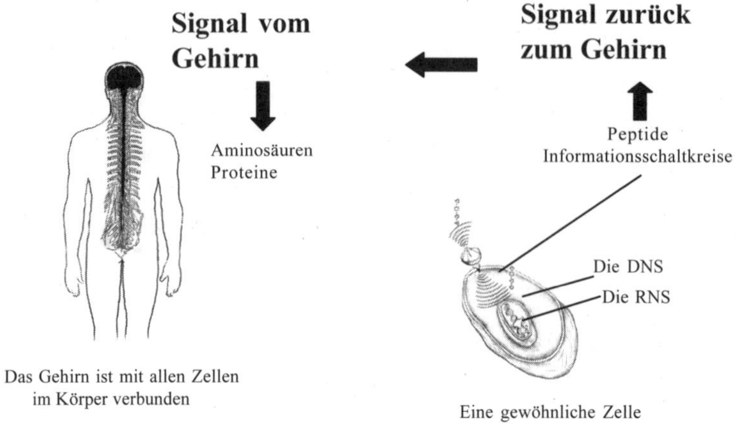

Abb. J: Netzartige Skelettstrukturen der Masse

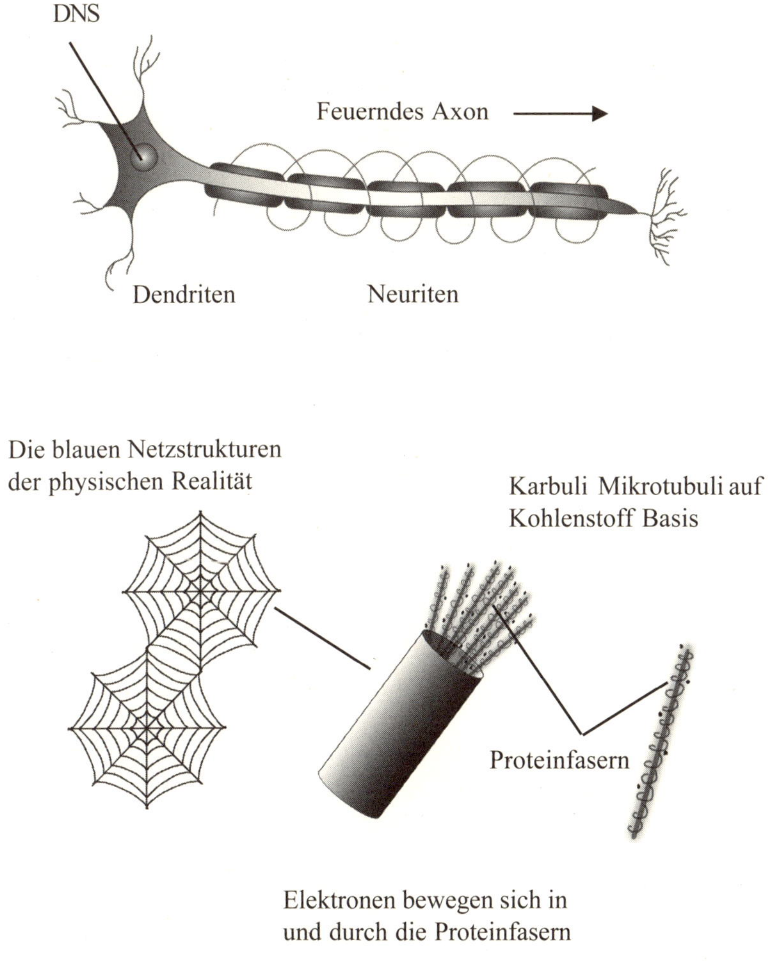

Abb. K: Der Blaue Körper – Blue Body®

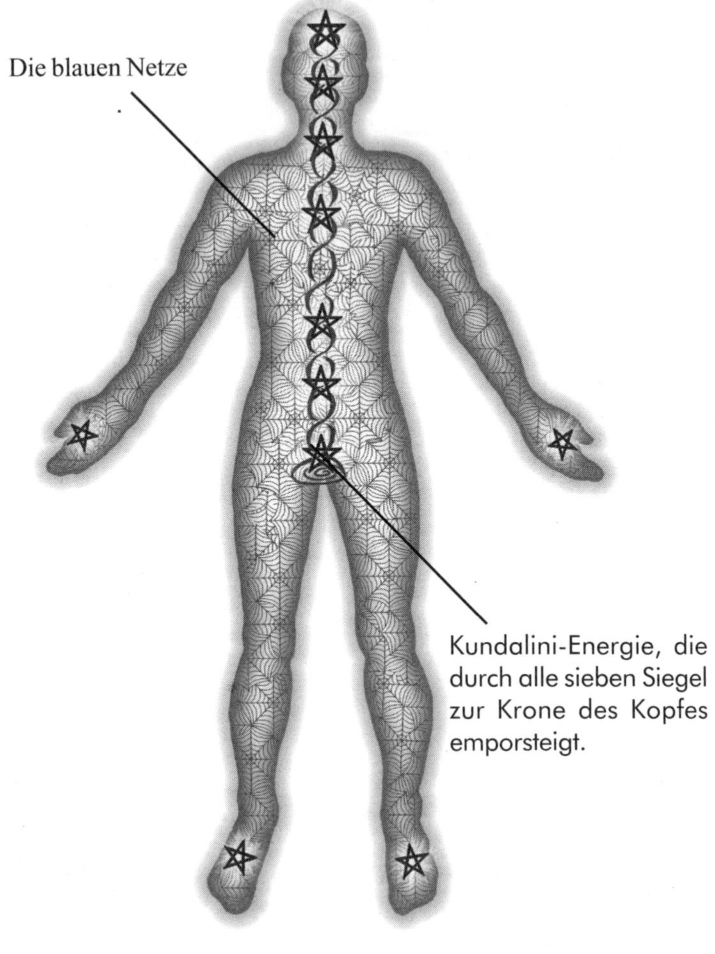

Ramtha

Die Überquerung des Flusses

€ 12,80

ISBN: 978-3-89539-047-0

Wenn wir uns bewusst werden, dass wir Gott sind, sehen wir das Leben anders. Denn die meisten von euch ringen in einem reißenden Fluss der Menschlichkeit. Ihr seid immer noch in den Schwierigkeiten eurer Vergangenheit gefangen. Ihr seid gefangen in den Wunden eurer Körper, eurer Neuronetze. Ihr versucht, auf die andere Seite zu gelangen, aber ihr fürchtet euch so sehr davor, verletzt zu werden, sodass ihr zögert, oder davor, anderswo etwas zu verpassen. Somit seid ihr in den Schwierigkeiten der Überquerung des Flusses gefangen.

Wenn wir nicht wissen, dass wir Gott sind, gibt es eine Sache, die wir wissen: Wir sind Menschen. Und dieses Wissen ist so gewöhnlich, dass wir erst eine erstaunliche Feststellung machen müssen. Ist es dann, wenn wir wissen, dass wir so sind, ein Wunder, dass wir ein Teil dieser Schwierigkeiten des Lebens sind, die das Fleisch zerreißen, die sich darin verhaken, dass wir Teil eines Lebens sind, das so durch das Fleisch belastet ist, dass wir uns davor fürchten, den Fluss zu überqueren - Ramtha

RAMTHA
DIE GESCHICHTE DER MENSCHHEIT
AUS DER SICHT EINES MEISTERS
Menschliche Zivilisation
€ 23,80
ISBN: 978-3-89539-048-7

Das Buch ist sehr umfassend und behandelt die Schöpfung der Menschheit und ihre Bestimmung und den Sieg der Unsterblichkeit. Es wird auf Religionen, Schöpfungstheorien, aber auch auf den Eingriff der Götter vor 455,000 Jahren etc...eingegangen....... Das Buch ist für neue Ramtha Leser geeignet, aber auch ein großer Schatz für alle, die bereits viele Bücher von Ramtha gelesen haben.

Michaels Verlag & Vertrieb GmbH
Ammergauer Str. 80 - 86971 Peiting, Tel.: 08861-59018
Fax: 08861-67091, e-mail: info@michaelsverlag.de
Internet: www.michaelsverlag.de

A STATE OF MIND

MEIN LEBEN MIT RAMTHA

€ 25,80

ISBN: 978-3-89539-041-8

Im Alter von 31 Jahren änderte sich ihr Leben von Grund auf. JZ Knight, Ehefrau, Mutter und erfolgreiche Geschäftsfrau begegnete ihrer Bestimmung - Ramtha, dem Erleuchteten, dem Geist eines 35.000 Jahre alten Kriegers aus dem alten Atlantis. Er gab ihr lebenswichtige spirituelle Botschaften für unsere Zeit. Dieses visionäre Ereignis veränderte ihr eigenes Leben und auch das ungezählter anderer auf der ganzen Welt, die zusammenkamen, um zu sehen und zu hören, wie JZ Knight Ramthas Lehren auf dem zeitlosen Pfad der bedingungslosen Liebe „channelte".

Dies ist JZ Knights eigene Geschichte. Es ist der inspirierende Bericht einer Frau, die die widrigsten Umstände überwindet ... die aufrichtige Schilderung einer Seele, die ihre Bestimmung letztlich in der Liebe zu ihrem wahren, zeitlosen Gefährten findet ... die spannende Suche eines Wesens, das über eine UFO-Begegnung und eine Wunderheilung zu Besuchen der immer wachsamen Verstorbenen und - vor allem - zu zeitloser Weisheit geführt wurde, welche auf eine strahlende, grenzenlose Hoffnung für uns alle hindeutet.

Ramtha
Was ist ein Meister
€ 12,80
ISBN: 978-3-89539-038-8

Ramtha
Das Erwachen der Götter
€ 12,80
ISBN: 978-3-89539-040-1

Diese Lehr-Serie ist für all die Schüler des Großen Werkes bestimmt, die Ramthas Lehren lieben. Diese laufende Sammlung soll auch als Unterrichtsmaterial für die Schüler von Ramthas Schule der Erleuchtung und für all diejenigen dienen, die Ramthas Lehren kennen oder sich dafür interessieren. Im Laufe der letzten drei Jahrzehnte hat Ramtha seine Ausführungen über die Beschaffenheit der Realität und ihre praktische Anwendung in Form zahlreicher Disziplinen ständig methodisch vertieft und erweitert.
Am Ende des Buches ist ein Glossar beigefügt, in welchem einige grundlegende, von Ramtha verwendete Konzepte erklärt werden, damit sich der Leser leichter mit den Lehren vertraut machen kann. Wir haben auch eine kurze Einführung von JZ Knight mit aufgenommen, in der sie Ramtha vorstellt und erzählt, wie alles begann. Wirwünschen Ihnen viel Spaß und Besinnlichkeit beim Lesen.

Ramtha

Das Mysterium von Geburt und Tod

€ 19,80 ISBN: 978-3-89539-049-4

Warum sind wir hier?
Uralte Fragen über Reinkarnation und den verführerischen Reiz der Körperlichkeit werden durch die Offenbarung des wahren Ich beantwortet.
Dieses bemerkenswerte Buch zu lesen und mit anderen Menschen zu teilen, ist einfach wunderbar.

Ramtha

Liebe dich selbst ins Leben

€ 24,90 ISBN: 978-3-89539-062-3

"Ramtha - Liebe dich selbst ins Leben" ist der erste in einer Reihe von Bänden, die in ihrer Gesamtheit eine Zusammenfassung der Lehren eines Wesens darstellen, das als „Ramtha, der Erleuchtete" bekannt ist. Dieses Buch ist gänzlich nach wörtlichen Niederschriften von Tonbandaufzeichnungen öffentlicher und privater Versammlungen
übersetzt, die von Ramtha zwischen 1979 und 1983 abgehalten wurden. Ramtha erscheint bei diesen Versammlungen nicht in körperlicher Form, sondern stattdessen „spricht er durch" den Körper einer Frau mit dem Namen J. K. Knight, die als „Channel" fungiert, durch den Ramtha seine „Erklärungen" oder Lehren weitergeben kann.

Ramtha
Einführung
€ 12,90 ISBN: 978-3-89539-054-8
“Ramtha: eine Einführung - Ausgewählte Lehren” wurde so gestaltet, daß beide Ansprüche befriedigt werden. Es stellt eine informative, leicht zu lesende und unterhaltsame Sammlung von stilistisch überarbeiteten Mitschriften dar, die ausgewählt wurden, um durch eine Vielzahl von Themen einen möglichst breiten Querschnitt durch Ramthas Weisheit vorzustellen.

Judith Pope Koteen
Der letzte Walzer
€ 12,50 ISBN: 978-3-89539-051-7
Dieses Buch enthüllt die außergewöhnlichen Herausforderungen und Möglichkeiten, die der Menschheit in den kommenden Tagen bevorstehen.Es deckt die Geschichte und die Pläne der Grauen Männer auf, der geheimen Familien und der Mittelsmänner der Macht, die den Börsenmarkt dirigieren, denen die Notenbanken und die meisten Geldreserven der Welt gehören. Unter anderem wird auch gezeigt, welchen Kurs die Natur einschlagen wird, da das Leben, wie wir es kennen, offensichtlich am Rande der Katastrophe steht.

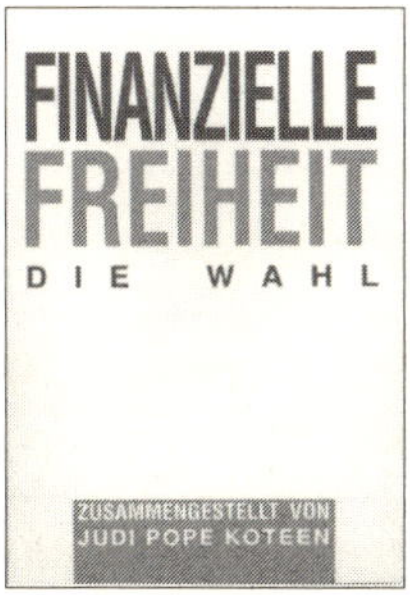

Judith Pope Koteen
Finanzielle Freiheit
€ 13,50 ISBN: 978-3-89539-056-2
Wenn Sie in der heutigen Welt feststellen, dass Sie unglücklich sind, weil Sie nicht genug besitzen, und solange dies der Inhalt Ihres Lebens ist, wird es für Sie unmöglich sein, Erfüllung zu finden. Unerfüllte Träume begrenzen Wachstum und Entwicklung und letztendlich Ihr finanzielles Wohlbefinden.

Michaels Verlag & Vertrieb GmbH
Ammergauer Str. 80 - 86971 Peiting, Tel.: 08861-59018
Fax: 08861-67091, e-mail: info@michaelsverlag.de
Internet: www.michaelsverlag.de

Ramtha: „Diese Bücher sollen uns nicht nur das Wissen vom WERDEN und MANIFESTIEREN aufzeigen, sondern auch, wer wir sein können und wer wir bisher waren."

Ramtha

Das Eigene Werden

€ 24,90 ISBN: 978-3-89539-058-6

Jede Seite enthält einzelne Gedanken oder Gedankenkomplexe über die Schönheit, Würdigkeit und Macht des menschlichen Geistes. Es soll uns lehren, bedingungslos zu lieben und den „Vater" in uns zu finden.

Ramtha

Das Manifestieren

€ 19,90 ISBN: 978-3-89539-059-3

Dieses Buch ist ebenso gestaltet wie das Buch „Werden". Es zeigt uns, wie man Mangel in Fülle umwandelt und die Vergangenheit und Zukunft in Einklang bringt, um das zu kreieren, was wir möchten. Dieses Buch enthält Techniken, Übungen und Informationen, die uns helfen, zu manifestieren.

Ramtha

Der Geschichtenerzähler

€ 16,90 ISBN: 978-3-89539-057-9

Die Geschichten werden Ihren Geist mit Erstaunen erfüllen und Ihrer Seele Tränen der Freude und des Lachens bringen. Ramtha hat, was das Erzählen einer Geschichte angeht, einen einzigartigen Stil. Auch wenn die Sprache Ihnen am Anfang etwas ungewöhnlich erscheinen mag, werden Sie doch bald feststellen, wie Sie zu einem Teil der Geschichte werden - wenn die Schatten des Gestern durch Ihren Geist tanzen und die Bilder eines anderen Ortes und einer anderen Zeit sich zu entfalten beginnen.

Michaels Verlag & Vertrieb GmbH
Ammergauer Str. 80 - 86971 Peiting, Tel.: 08861-59018
Fax: 08861-67091, e-mail: info@michaelsverlag.de
Internet: www.michaelsverlag.de

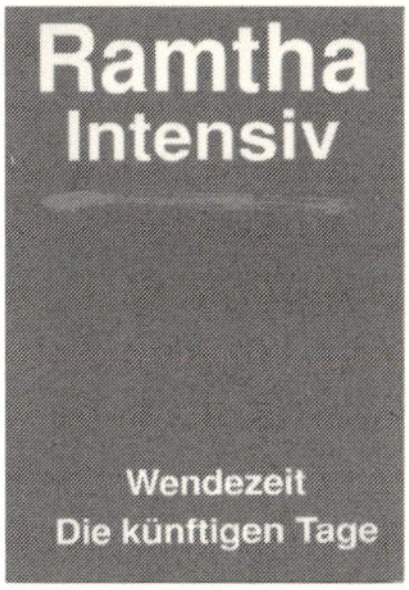

Wendezeit

€ 12,50 ISBN: 978-3-89539-052-4

Im Verlauf seiner Reden legt uns Ramtha ans Herz, in Harmonie mit der Natur - dem Lebensstrom, der unsere Existenz gewährleistet und die einzige Erlebnisebene ist, in der wir unser Gottsein erkennen können - zu fließen. „Jemand der aus dem Traum, genannt Menschheit erwacht, bewegt sich in Harmonie mit der Natur, wie in einer Symphonie. Jemand, der dazu gezwungen ist, für sein Überleben selbst zu sorgen und in dieser Bewährungsprobe aufblüht, hat gelernt enorme Widrigkeiten zu überwinden."

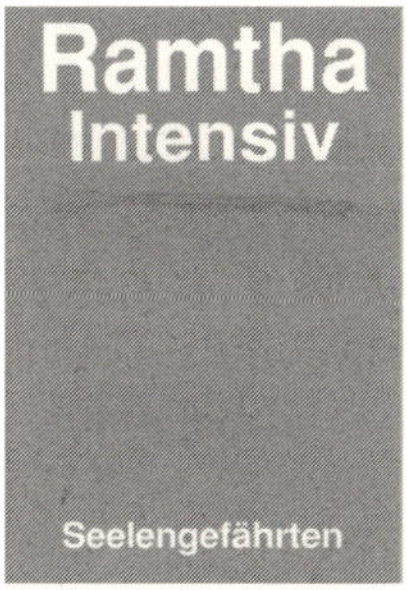

Seelengefährten

€ 12,50 ISBN: 978-3-89539-053-1

Die Romantik von Seelengefährten hat die Phantasie des Menschen schon seit Ewigkeiten gefangengenommen - jener Traum nämlich, dass es irgendwo diese eine besondere Person gibt, die den Leser auszufüllen vermag und das Leben glücklich werden lässt.

Ufos

€ 16,90 ISBN: 978-3-89539-055-5

Sehr einfach und sehr direkt legt *UFOs und ihre Beschaffenheit von Wirklichkeit* offen, wer die Außerirdischen sind, woher sie kommen, und was sie wollen. Dieses Buch ist ein „Muss" für jene, die am UFO Phänomen interessiert sind, und auch für jene, die niemals eine Korrelation gesehen haben zwischen Außerirdischen und Gott. Es ist eine Brücke, die es dem Leser erlaubt, zwischen bisher nicht verfügbaren und ungeheuerlichen technischen Angaben und der Göttlichkeit des unbegrenzten Gedankens hin und her zu schreiten.

Unser Leben

€ 17,90

ISBN: 978- 3-89539-061-6

In diesem Buch werden 100 Geschichten von Ramtha`s Schülern erzählt.
Nehme Anteil an der Manifestation dieser Träume - nehme Anteil an den persönlichen Wundern und dem Durchbruch, den jeder Einzelne seiner Schüler erleben durfte.

Ich bin Ramtha

€ 21,90

ISBN: 978-389539-063-0

Ramtha ist ein so außergewöhnliches Phänomen, dass man es sehen muss, um es glauben zu können. Seit 1977 beliebt er durch die Verkörperung einer schönen Frau namens JZ Knight zu sprechen. Mit vielen Farbabbildungen.

Weg der Erleuchtung

€ 20,90

ISBN: 978-3-89539-060-9

Melton führt den Leser in die Geschichte und die Prinzipien des Gnostizismus ein, und berichtet über die erstaunliche und unerwartete Wiederkehr und Wiederbelebung dieser Philosophie in Ramtha´s School of Enlightenment. Durch sein eigenes Studium des Gnostizismus im Altertum erkennt er die gnostische Grundlage von Ramtha`s Philosophie.

MVV
Michaels Verlag & Vertrieb GmbH
Ammergauer Str. 80 - 86971 Peiting, Tel.: 08861-59018
Fax: 08861-67091, e-mail: info@michaelsverlag.de
Internet: www.michaelsverlag.de

Greg Simmons

Diese Werke werdet ihr vollbringen
und noch größere

€ 19,95

ISBN: 978-1424337002

Das Buch umfasst viel Wissen über die verschiedenen Themen im Hinblick darauf, dass wir selbst unsere Realität erschaffen und stellt auch eine Art praktischer Ratgeber dar, wie wir in verschiedenen Situationen reagieren können.

Für alle, die sich inspirieren lassen möchten und dem Konzept zustimmen, wie im Film : „What the Bleep“ dargestellt ist, Schöpfer der eigenen Realität zu sein, für diejenigen, die sich bereits mit Ramthas Lehren beschäftigt haben und noch mehr Wissen erhalten möchten. Auch diejenigen, die bereits Kurse besucht haben, werden bereichert.